U0646513

小学
德育原理

XIAOXUE
DEYU YUANLI

主 编 ◎ 佟雪峰

北京师范大学出版集团
BEIJING NORMAL UNIVERSITY PUBLISHING GROUP
北京师范大学出版社

图书在版编目(CIP)数据

小学德育原理 / 佟雪峰主编. -- 北京 ：北京师范
大学出版社，2025.4 --（新时代教师教育系列教材）.
ISBN 978-7-303-30070-9

Ⅰ. G621

中国国家版本馆 CIP 数据核字第 2024LY6347 号

XIAOXUE DEYU YUANLI

出版发行：北京师范大学出版社 https://www.bnupg.com
　　　　　北京市西城区新街口外大街 12-3 号
　　　　　邮政编码：100088

印　　刷：北京天泽润科贸有限公司
经　　销：全国新华书店
开　　本：787 mm×1092 mm　1/16
印　　张：11
字　　数：215 千字
版　　次：2025 年 4 月第 1 版
印　　次：2025 年 4 月第 1 次印刷
定　　价：39.00 元

策划编辑：张筱彤　　　　　　　　　责任编辑：齐文媛
美术编辑：李向昕　焦　丽　　　　　装帧设计：焦　丽
责任校对：陈　荟　　　　　　　　　责任印制：马　洁

总　序

　　党的二十大报告提出："坚持以人民为中心发展教育，加快建设高质量教育体系，发展素质教育，促进教育公平。"在教育强国的时代背景下，优先发展教育是迈向教育强国时代的重要战略。教师是教育高质量发展的第一资源。习近平总书记高度重视教师队伍建设，相继提出"四有"好老师、四个引路人、大先生、教育家精神等重要论述。教育家精神体现了教育者对教育事业的理想信念、道德情操、育人智慧、躬耕态度、仁爱之心和弘道追求，是中国教师群体铸造的宝贵智慧成果，也是迈向教育强国时代、培育大国良师、落实科教兴国战略的先决条件。新时代教师教育系列教材旨在提升教师的核心素养与实践能力，为我国基础教育高质量发展注入新的活力。

　　本套教材涵盖德育原理、学习科学、脑科学、编程教育、教育统计、信息科技、融合教育、心理健康、劳动教育等模块，旨在紧密结合新时代教师教育需求和趋势，从德育、智育、心育、劳育等维度阐释教育家精神扎根于基础教育的前瞻理论与实践案例，进而构建全面、系统、科学的教师教育知识体系。本套教材的编写遵循三个原则：理论联系实际原则、需求推动创新原则、学科多元融入原则。

　　第一，理论联系实际原则。传统教师仅为学科知识的传授者，而今日的教师应是复杂问题的解决者和全面发展的培养者。因此，将理论与实践紧密结合是提升教师教育质量、促进教育创新的关键。本套教材充分融入最新的教育研究成果和技术前沿，确保理论内容的先进性和科学性；同时增加案例分析、教学设计等模块，使教师直观地感知理论指导实践的转化机制，强化理论知识应用于教育实践的能力。

　　第二，需求推动创新原则。在"数字化"时代，对教育的需求已超越传统的知识传授，聚焦于素养全面发展、创新能力培养、社会适应能力提升及信息技术融合等多个维度。本套教材在编写时注重五育并举、新文科、教师核心素养等前沿理念的融合与阐释，同时注重项目学习、情境创设、技术操作等方法的应用与分析，以培养教师的逻辑思维、问题解决能力与创新精神，提升其数字、信息、人文等核心素养，进而更有效地开展教学实践。

　　第三，学科多元融入原则。本套教材在编写过程中，注重将思政教育、跨学科思维及特殊儿童教育需求融入教材内容，以培养对未来社会负责任的教师；强化社会主义核心价值观引领，将爱国主义教育、法治教育、职业情怀教育有机融入教材，潜移默化地涵养正确的世界观、人生观、价值观；积极响应新课程方案和课程标准需求，打破学科壁垒，将不同知识模块融入教学案例和教学设计，培养跨学科教学设计能力；深入探讨如何在普通教育体系中为特殊儿童提供适切的支持与服务，确保每位儿童都能够享有平等受教育的机会。

本套教材由江苏师范大学教育科学学院（教师教育学院）牵头，众多专家学者共同编写，承载着编写团队对教育事业的热爱和责任。在本套教材出版之际，由衷感谢编写团队所有成员的同心同德、同甘共苦。感谢北京师范大学出版社李轶楠、张筱彤及其他编辑同志的认真负责和精益求精。当然，由于编写团队水平有限，本套教材难免有疏漏，同时随着教育理论和实践的不断发展，教材的内容也须更新扩展，敬请广大读者、同行专家批评指正，提出建设性宝贵意见，以便今后修订完善。也期待更多专家学者和中小学教师能够参与本套教材的修订和使用，共同推动我国教育事业的高质量发展，让我们携手共进，为新时代的教育事业贡献力量！

陈　鹏

2024 年 6 月

前　言

　　人性是道德的基础，对人性的理解是德育的基础。人既是一种生物性存在，也是一种社会性存在，同时更是一种精神性存在。因为人的生物本性，攻击、自利都是人的正常本性；因为人的社会性本能，渴望被爱、被认可与接纳也是人的常态化需求；因为人的精神性潜质，对审美、自由的渴望同样深藏在人的心灵深处。

　　德育应全面认识人的本性，针对人的复杂性予以恰当的应对。德育之所以必要，源于人性的不完美；德育之所以可能，源于人性的可塑性。贬低人性、认为人只缺管教或规训，固然有失偏颇，但高扬人性、对人性盲目乐观，则又走向了另一个极端。恰当的态度可能是一种中庸之道，既对人性有足够的提防和警醒，又对人性保有一定的乐观与信心。因为前者，所以德育需要约束和克制；因为后者，所以德育需要温暖和引导。

　　感受是人与世界沟通的渠道和方式，也是人价值世界的起点，人是按照其对世界的感受来应对世界的。德育应充分考量学生的感受，在给予学生充分、恰当的关怀及温暖的前提下，引导学生不断发展其潜在的社会性和精神性倾向，不断固化与发展其社会性和精神性需要，不断促进其社会性和精神性的成长。马克思主义在人性方面持有一种实践生成论的观点，把实践看作人性成长的前提和基础。基于理解、感受和实践的重要性，本书把德育策略分为理解策略、温暖策略、约束策略、践履策略和引导与超越策略。

　　中国传统文化从先秦以来，就有把人的道德品质与政治、思想联系起来思考的倾向。儒家从来不把人看作单个的、独立的生命体，总是习惯于把人放在族群、家国的背景中去思考和建构人性理论和道德理论。在儒家看来，个体的道德品质与其如何对待家国是密不可分的，只谈伦理，不谈家国是不可思议的事情。

　　新中国成立后，德育关于思想品德内涵的定位延续了这一传统，当然因为特定的时代背景，德育对政治和思想方面的关注更多了些。1978 年改革开放之后，思想教育、政治教育、道德教育和心理健康教育之间的关系得到进一步优化，《义务教育道德与法治课程标准(2022 年版)》把德育目标定位于五个方面，即政治认同、道德修养、法治观念、健全人格、责任意识。这五个方面具有内在的关联。政治认同的核心是对民族、国家的价值认同。道德修养是对他人价值、对自我与他人和谐关系价值的认同与维护。法治观念是对法律这种人与人之间的利益界限和调节规范的理解与认同，其本质是对他人利益的尊重和保护，也是对自己利益的保护。健全人格涉及人与自身的关系，是对自我价值、尊严、潜能的理解、认同和发展。责任意识指的是个人要勇于承担维护这些价值的责任，包括勇于担当的意识和敢于担当的勇气。

因此，《义务教育道德与法治课程标准（2022 年版）》中关于思想品德的规定性要求，内在地包含了一个基础性的价值秩序，那就是自我价值、他人价值、社会价值、国家价值以及天下价值。个体对这些价值的认同与维护就是思想品德要求的核心内容。从这个意义上说，思想品德的本质就是个体的价值体系。

本书以对思想品德的理解为前提，以思想品德发展的一般规律为基础，提出五大德育策略，希望能够在促进学生思想品德健康发展方面尽一份绵薄之力。

目　录

第一章

德育概说

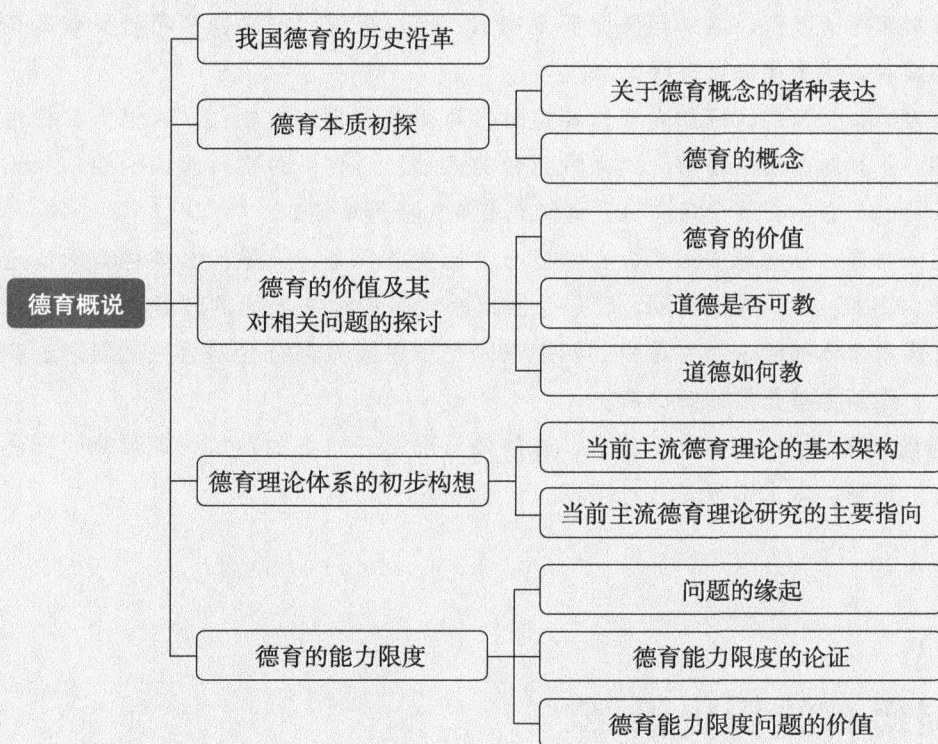

- 德育概说
  - 我国德育的历史沿革
  - 德育本质初探
    - 关于德育概念的诸种表达
    - 德育的概念
  - 德育的价值及其对相关问题的探讨
    - 德育的价值
    - 道德是否可教
    - 道德如何教
  - 德育理论体系的初步构想
    - 当前主流德育理论的基本架构
    - 当前主流德育理论研究的主要指向
  - 德育的能力限度
    - 问题的缘起
    - 德育能力限度的论证
    - 德育能力限度问题的价值

章前导语

　　德育一般指的是道德教育，但在我国，德育不但包括道德教育，还包括政治教育、思想教育等。理解德育是确定德育目标、探求德育规律以及提出德育实践策略的基础。要理解德育，就要从德育的历史沿革、本质、价值等方面进行澄清。

　　此外，出于理论和现实的考量，道德是否可教是一个经常被提及的问题，但鉴于道德是否可教问题的困境，道德如何教才是一个应该提出的好问题。

　　德育的目的当然是育德。德是德育的目的，德育是德的途径。德育可以理解为培养受教育者德的教育，这是用德来界定德育；反过来说，德是德育希望受教育者获得的特定素养，这是用德育来界定德。

　　一方面，德育的目标和内容与特定时代对德的理想追求相关。亚里士多德对德育的理解源于其对德性的理解、对人性完善的追求，而孔子对文行忠信的要求源于其对理想人格的信念。在这个意义上，理解德育首先要理解德。

　　另一方面，从德育史来看，在特定社会历史条件下，德是什么与德育的规范性要求相关。例如，中国先秦时期，仁是德的核心，而这种关于德的理解源于家国太平的政治理想对个体的要求；古希腊的四主德则是古希腊城邦社会对公民的要求。在这个意义上，理解德首先要理解德育。

　　德育与德互相制约、互相依赖，理解德育离不开对德的理解，理解德同样离不开对德育的理解。本书选择先从对德育的理解开始。

第一节
我国德育的历史沿革

　　论从史出，理解德育首先要把德育放回其历史起源和传承中去，从其发生、发展的历史轨迹中去寻觅其内在的本性。现代意义上的"德育"概念始于德育哲学大家康德。18 世纪七八十年代，康德"就把遵从道德法则培养自由人的教育称为'moralische Erziehung（道德教育，简称德育）或 practische Erziehung（实践教育）'"①。英国学者斯宾塞在其《教育论》一书中，把教育明确划分为智育（intellectual education）、德育（moral education）、体育（physical education）。从此，"德育"逐渐成为教育世界中的一

---

　　① 孙峰、龙宝新编著：《德育原理》，4 页，西安，陕西师范大学出版总社有限公司，2020。

个基本概念和常用术语。

我国现代意义上的"德育"概念出现在民国时期。1912 年,蔡元培提出了"军国民教育""实利主义教育""公民道德教育""世界观教育""美感教育"五育并举的教育主张,同年国民政府颁布了"注重道德教育,以实利主义教育、军国民教育辅之,更以美感教育完成其道德"的教育宗旨。自此,"德育"一词已成为我国教育界通用的术语。[①]

我国民国时期的"德育"概念主要是道德教育的意义,即 moral education,或者说是伦理道德教育的意义。这一概念及其内涵是西方思想大量涌入的背景下,我国知识分子学习西方文化的结果。但在更为漫长的我国古代社会和新中国成立之后的历史时期,这一概念并不是德育历史与现实的真实写照,明显窄化了德育的外延。

我国古代并没有现代意义上的德育课程体系,没有明确的德育课程和相应的制度化的德育内容,德育要求和内容更多体现在选官制度以及相应的办学理念和教学内容中。

郭沫若指出:"周人的'德','不仅包含着正心修身的工夫,并且还包含有治国平天下的作用;便是王者要努力于人事,不使丧乱有缝隙可乘;天下不生乱子,天命也就时常保存着了',这'的确是周人所发明出来的新的思想'。"[②]周人认为,周之所以能够克殷,主要的原因是殷王失去了民心,形成了众叛亲离的局面,而周人则为民心所向、众望所归,所以周初的统治者提出"德政"的口号,并以此作为最高标准来教育统治阶级和被统治阶级,要他们遵循一系列的宗法道德规范,最终实现国家的长治久安。周人所提倡的宗法道德规范,最基本的就是父慈、子孝、兄友、弟恭。[③] 因此,在我国传统文化的语境下,德向来与国家相关,与政治、权力、制度相关,具有明显的政治色彩。

概括地讲,我国古代的德育主要包括四个方面的内容,即规范属性的礼仪规范和封建纲常教育(三纲五常、忠君爱民尚贤)、价值观属性的孝德教育(孝悌忠信、礼义廉耻)和经学教育(《诗》《书》《礼》《易》《乐》《春秋》六经)、世界观属性的天人关系与宗教信仰教育(先秦的天人合一、两汉董仲舒的天人感应、宋明理学的理一分殊)、养成属性的修身教育(克己内省为手段或方法、修齐治平为目的的个人品格修养)和道德楷模教育。[④] 因此,在我国传统社会,仅仅指向伦理道德的德育是不存在的。同样,新中国成立后,德育课经历了政治课、政治思想课、思想政治课、思想品德课以及道德与法治课的变化过程,仅仅以伦理道德为旨归的德育也是不存在的。

新中国成立后,"德育"概念的使用大致延续了我国传统文化关于德育的使用习惯。

---

① 黄向阳:《德育原理》,2～3 页,上海,华东师范大学出版社,2000。

② 转引自贺韧:《儒家传统道德教育思想探析》,博士学位论文,湖南师范大学,2006。

③ 贺韧:《儒家传统道德教育思想探析》,博士学位论文,湖南师范大学,2006。

④ 傅琳凯:《中国古代思想政治教育史研究》,博士学位论文,东北师范大学,2011。

相关德育课程名称变革大致如下所述。

1950年，教育部颁发《中学暂行教学计划（草案）》，规定中学6个年级均开设政治课。1951年6月，教育部调整中学教学计划，取消政治课，初三开设中国革命常识课，高二及高三上学期开设社会科学基本知识课，高三下学期开设共同纲领课。11月通知，中学教学计划再做调整：初三开设中国革命常识课，高一、高二开设社会科学基本知识课，高三开设共同纲领课，从初一到高三增设时事政策课。

1954—1955学年，中学各年级的时事政策课被取消，初二增设中国革命常识课，但因无适当教材暂未开设，初三继续上中国革命常识课，高一、高二继续上社会科学基本知识课，高三改上政治常识课。

1963年全日制中小学教学计划规定，中学必须开设政治课，初一开设道德品质教育课，初二开设社会发展史课，初三开设中国革命和建设课，高一开设政治常识课，高二开设经济常识课，高三开设辩证唯物主义常识课。

1978年，教育部颁发《全日制十年制中小学教学计划试行草案》，规定在小学四、五年级开设政治课，对学生进行初步的共产主义思想教育和必要的政治常识教育；中学各年级均开设政治课，对学生进行社会发展简史、无产阶级革命和无产阶级专政理论、政治经济学、辩证唯物主义等的教育。

1981年，教育部颁布《全日制五年制小学教学计划（修订草案）》，把政治课改为思想品德课，要求各年级开设，紧密结合学生的思想实际，进行生动活泼的、初步的共产主义思想品德教育和形势教育。同年发布的《全日制六年制中学教学计划（试行草案）》规定：初一开设青少年修养课，初二开设法律常识课，初三开设社会发展简史课，高中开设政治经济学常识课、辩证唯物主义常识课等。

1986年颁布的《义务教育全日制小学、初级中学教学计划（初稿）》规定：小学统一开设思想品德课，初中统一开设思想政治课，与之相应，高中的政治课也改为思想政治课，包括高一的经济常识、高二的哲学常识和高三的政治常识。[①]

1997年4月，国家教委在现行小学思想品德教学大纲和初中思想政治课程教学大纲的基础上，编制并颁发了《九年义务教育小学思想品德课和初中思想政治课课程标准（试行）》。

2001年10月，教育部颁布了《九年义务教育小学思想品德课和初中思想政治课课程标准（修订）》。

2016年4月，为贯彻落实党的十八届四中全会关于在中小学设立法治知识课程的要求，《教育部办公厅关于2016年中小学教学用书有关事项的通知》规定，从2016年起，将义务教育小学和初中起始年级"品德与生活""思想品德"教材名称统一更改为"道

---

① 黄向阳：《德育原理》，181～183页，上海，华东师范大学出版社，2000。

德与法治"。

近代以来我国德育令人印象深刻的一点就是，对学生思想或政治方面发展的高度重视，而其中，政治又往往成为决定性影响因素。也正因为如此，德育课往往被称为"政治课"或"思想政治课"，许多在中小学从事德育课教学的教师往往称自己是教"政治"的。

从德育课的历史沿革看，除了民国初年因为西方文化的极速涌入而带来的短暂西化的狭义德育概念之外，我国传统德育与新中国成立之后的德育大体延续了"大德育"的概念，即把德育与政治教育、思想教育、人格教育紧密融合，这与西方近代以来以伦理道德教育为主的德育概念有明显差异。

这主要是因为东西方文化对世界、对人的理解各有侧重。宽泛地说，西方文化是个体本位的文化，更关注个体独立基础上的权利、义务的界限，更关注个体独立基础上的人与人、人与群体之间的利益界限，所以其德育更多指向个体，如亚里士多德的德性概念、康德的实践理性概念等具有明显的个体色彩或个体视角。相对而言，以儒家文化为代表的中国文化，是一种群体本位的文化，更关注家国的和平与发展，把以家国为代表的群体利益看作个体利益和安全乃至自我实现的前提条件。这种文化强调个体之于群体的义务，强调个体对家国的责任，个体与群体之间的利益界限较为模糊。家国一体是中国人基本的朴素信念，也是中国传统社会和近代以来德育的核心指向。

因此，就我国德育的历史沿革而言，包括思想教育、政治教育和道德教育等多项教育内容在内的广义的德育一直是常态性的现实存在，这也是我国德育传统与西方德育传统的本质区别。

第二节
德育本质初探

德育的本质是指德育的核心特质，即把德育同其他教育现象、其他认识和社会实践活动区别开来的基本特点和属性。德育概念是德育本质的一般性表达。德育的本质既关涉德育是什么，也关涉德育应该是什么。从这个意义上讲，德育概念是一种表达性概念。有学者认为教育概念是一种表达性概念，所谓表达性概念，即教育概念只是"表达了一定的文化背景中人们对教育的主观态度和价值追求"[1]。宽泛地讲，描述性概念是对客观世界的描述。比如，物理学中的力概念是对力这一客观现象的描述，鉴于力这一现象的客观性，科学家乃至普通人很容易在这一概念的表述上达成一致。但德

---

[1]　石中英：《"教育"概念演化的跨文化分析》，载《高等师范教育研究》，1997(4)。

育概念则不然，一方面，德育概念固然包含对已经存在的德育现实的描述，但这种已经存在的德育现实也是人为建构的产物；另一方面，德育概念更多地代表了特定主体对德育的理想状态或价值追求的描摹。

在这个意义上，德育本质是德育主体在德育实践中生成和建构的，德育概念更多地表达了特定主体对德育应然状态的理想设定。

一、关于德育概念的诸种表达

《中国大百科全书》提出，德育是"教育者按照一定社会或阶级的要求，有目的、有计划、有组织地对受教育者施加系统的影响，把一定的社会思想和道德转化为个体的思想意识和道德品质的教育"[①]。

在相关文件中，《中学德育大纲》(1995 年 2 月 27 日)规定"德育即对学生进行政治、思想、道德和心理品质教育"，《中小学德育工作规程》(1998 年 3 月 16 日)规定"德育即对学生进行政治、思想、道德和心理品质教育"。

相关学者的理解如下所述。胡守棻主编的《德育原理》认为："德育即是将一定社会或阶级思想观点、政治准则、道德规范转化为个体思想品德的教育活动。"[②]孙喜亭的《教育原理》认为，德育是"教育者按照一定社会的要求，通过特定的教育活动，把特定社会的思想和道德规范内化为受教育者的思想意识和道德品质的过程"[③]。鲁洁和王逢贤主编的《德育新论》认为，"德育是教育者根据一定社会和受教育者的需要，遵循品德形成的规律，采用言教、身教等有效手段，在受教育者的自觉积极参与的互动中，通过内化和外化，发展受教育者的思想、政治、法制和道德几方面素质的系统活动过程"[④]。

西方学者大都认为德育就是指道德教育，如西方所讲的"moral education"。我国有些学者也倾向于将德育理解为道德教育，将其与政治教育、思想教育分开，认为这种区分更有利于道德教育、政治教育、思想教育各自的理论建设和研究。我国还有学者则认为在德育概念上应"守一望多"，即把道德教育看作德育的基础和起点，进而包含其他方面的教育。"教育学上的德育，则是相对于智育和美育来划分的，它的范围广，包括培养学生一定的思想品质、政治品质和道德品质。因此，道德教育的概念实有广义和狭义之分：狭义的道德教育，是指伦理学上的，即道德品质教育；广义的道德教育，则是指教育学上的德育，道德品质教育只是它的一个组成部分。"[⑤]

① 中国大百科全书出版社编辑部编：《中国大百科全书》教育卷，59 页，北京，中国大百科全书出版社，1985。
② 胡守棻主编：《德育原理》，20 页，北京，北京师范大学出版社，1989。
③ 孙喜亭：《教育原理》，290 页，北京，北京师范大学出版社，1993。
④ 鲁洁、王逢贤主编：《德育新论》，105 页，南京，江苏教育出版社，2010。
⑤ 王道俊、王汉澜主编：《教育学：新编本》，330 页，北京，人民教育出版社，1989。

二、德育的概念

不同学者关于德育概念的界定是不同的，这些界定反映的是学者对"应然"德育或"理想"德育的设定，学者从自身特定的角度或立场出发对德育理想状态的表达，学者本身因为其特定的成长背景所持有的德育价值理念。在这个意义上，每一种界定都有其道理，都有特定的合理性根据，区别在于哪一种界定更符合时代的趋势和要求。

本书采用鲁洁和王逢贤主编的《德育新论》对德育概念的界定。这一界定具有以下几个特点。

第一，延续了中国传统社会和新中国成立以来关于德育外延的宽泛认定，即把德育不仅仅理解为道德教育，还把政治教育、思想教育等内容包括进来，彰显了中国传统文化的当代传承，也凸显了中国文化对于人性，对于人与社会、国家关系的独特理解。

第二，把社会和受教育者的需要置于德育发展的动力位置，把社会和受教育者的相关需要的满足视为德育的出发点和落脚点，凸显了德育的人文价值。

第三，多样化的德育路径和策略设定，既不忽视传统的言教、身教等路径，也强调互动、内化等路径。

第四，对德育的能力边界有着相对清醒的认识，把德育的能力边界限定在了学生的身心发展规律这一可能性范围之内，防止过度拔高德育的目标或要求。

这一概念界定既是对中国传统德育历史和当代德育现实的一定程度上的归纳与总结，也代表着中国当代德育理论工作者对于德育理想状态的清晰认识，不失为对德育本质的一个较为理想的设定。

第三节
德育的价值及其对相关问题的探讨

一、德育的价值

人类在人、猿揖别之后，各种文明就开始对群体成员进行教育，除了基本的生活技能教育之外，还有图腾、禁忌、规则等价值规范教育，大致相当于今天的德育。

这种原初形态的德育一方面凝聚了人心，增强了群体成员的族群认同；另一方面有效规约了个体成员的言行，维持了族群的社会关联。之后，德育的价值进一步彰显，无论是我国西周时代的学校教育，还是古希腊的学校教育，对年轻一代的德育都是当时教育的主要内容。

孔子认为，君主应当"为政以德，譬如北辰，居其所而众星共之"，对百姓应当"道之以德，齐之以礼"。(《论语·为政》)孟子说，"天下之本在国，国之本在家，家之本在身"，因此，"自天子至于庶人，壹是皆以修身为本"。(《孟子·离娄上》)对先秦儒家而言，德育是事关天下安宁的重要事项，德育的价值尤其是社会价值被提高到了至高地位。

黄向阳认为，德育的价值主要表现为以下三个方面。其一，促进个人道德发展。教育影响较之于自发的社会影响，对儿童道德的形成和发展方向更具有指导意义。其二，促进社会道德进步。从社会的角度看，德育之所以必要，是因为学校不但是社会传统道德的继承者，而且是社会新道德的创造者。其三，维持学校生活秩序。学校十分重视学校生活中的道德规范，包括热爱学校和班集体、遵守校纪班规、尊敬老师、友爱同学、勤奋学习等。[1] 檀传宝认为，德育的功能主要包括以下方面：社会性功能，主要指德育对社会政治、经济、文化以及生态环境等方面产生影响的政治功能、经济功能、文化功能、生态功能等；个体性功能，主要指德育对德育对象个体发展能够产生的实际影响，德育的个体性功能可以描述为德育对个体生存、发展、享用产生影响的三个方面；教育性功能，主要指德育在完成教人做人的总目标和支持智、体、美、劳诸育具体任务的完成这两个方面的实际作用。[2] 两位学者的观点类似，相比较而言，檀传宝对德育的原生价值或者说德育的社会价值的分析更为深刻和全面。

鲁洁和王逢贤把德育的功能分为个体性功能和社会性功能，其中社会性功能的表述如下所述。

第一，经济功能。在宏观上，通过德育形成一定的社会意识形态，其中最主要的是形成一定的经济文化、经济思想、经济道德，以此影响整个社会的经济生活、经济行为的价值取向；在微观上，德育通过发展和完善个体的思想道德素质对经济的发展直接产生作用。

第二，政治功能。德育在再生产一定的政治关系，巩固一定的政治制度与秩序，引导一定的政治行动，形成一定的政治意识以及发展一定的政治机构等方面均具有独特的功能。

第三，文化功能。德育之文化功能指的是它对社会文化结构中的其他结构单位，

---

[1]　黄向阳：《德育原理》，44～55 页，上海，华东师范大学出版社，2000。
[2]　檀传宝：《德育原理》，75～82 页，北京，北京师范大学出版社，2017。

如意识形态、价值观念、行为规范、科学技术等以及对整个社会文化结构所产生的影响。

第四，生态性功能。德育的生态性功能具体表现在以下三个方面：一是形成新的人生观、自然观；二是认识人与自然关系中的善与恶；三是规范人与自然的交往行为，树立新风。①

我国当代学者基本上传承了中国传统文化关于德育价值的观点，普遍重视德育的社会价值，把德育与社会的政治、经济、文化乃至生态环境等问题密切联系在一起，对德育价值高度关切和重视。

二、道德是否可教

德育的价值源于道德可教的信念，即相信通过德育可以改变受教育者的相关态度或信念。尽管德育在各种社会历史条件下都是一种显性存在，其存在有充分的现实合理性，但人们对道德是否可教问题的争论从来没有停歇过。

对道德是否可教问题的争论源于两个方面的困境。第一个困境是理论困境。西方伦理学对道德是否可教问题的探讨结果可归纳为：首先，何为道德？道德是一种知识，还是一种情感、意志，抑或是类似于技能的行为方式？对道德本质的不同理解决定着对道德是否可教问题的回答。如果把道德视为一种知识或一种行为方式，就像是苏格拉底的"知识即美德"一样，道德当然是可教的；但如果把道德视为一种情感，如同休谟的情感主义伦理的观点那样，则道德很难教。其次，何为教？是口授式地教还是训练式地教？对教的理解也决定着道德是否可教这一难题的答案。前者重知识传授、理智训练和理性培养，后者重习惯养成、技能训练和实践指导。与之相应，在道德是否可教这一问题上产生了源于知识的道德可以口授式地教、道德行为可以训练式地教、情感与意志则不可教的结论。② 这些争论深化了人们对道德和德育的认识，但并未真正回答道德是否可教的问题。

导致道德是否可教之争论的第二个困境是德育现实困境。这种困境既包括因为德育的泛化带来的德育的扩张，以及由此而来的内容复杂化和德育的困难，也包括德育内容与方法方面的知识中心主义、形式主义、管理主义带来的令人难堪的德育效果，如许多学生对德育拒斥以及许多令人担忧的品德表现等。理论和实践领域中的德育生活化的努力也没有从根本上改变这种困境。这种困境一再提醒人们，道德可能是不可教的。

---

① 鲁洁、王逢贤主编：《德育新论》，200～257 页，南京，江苏教育出版社，2010。
② 蒋一之：《"道德是否可教"问题的症结与解决》，载《社会科学战线》，2007(3)。

道德究竟可不可教？这是一个可以澄清的问题吗？

道德是否可教可能不是一个好问题，也许只是一个理论研究者出于对道德和教的概念的反思而产生的纯粹思辨性的问题。相比之下，道德是否应该教从来都不是一个问题，人们也不应该对此有任何质疑。从人类历史文化的发展来看，德育的社会历史价值和现实价值从来都是毋庸置疑的。

首先，道德应教源于人性的自我警醒。道德应教既来自对人性的信任，也源于对人性的担忧。因为人的生物本性是天然的、必然的存在，而且这种本性可能会伤及人的社会关系，因此必须有所约束。与此同时，人也具有天然的社会性本能，具有成为社会性动物的天然基因，因此只要善加引导，人就能够成为合格的社会成员。

其次，道德应教源自一种治国理政的基础性价值理念，即把对社会成员的德育当作维系社会稳定、保障和谐发展的基本途径。

最后，道德应教源于人的道德自觉，源于一种对人性的理想主义想象和设定，即人可以通过自己的努力达到更高的人性境界，不管这种努力来自自身还是来自同类。

尽管在逻辑上道德是否可教优先于道德如何教，但鉴于道德是否可教问题的困境，道德如何教才是一个应该提出的好问题。

三、道德如何教

德育作为一种事实或现象，代表着人类对未来社会和人性的美好期许，代表着人类对善或德性传承的理想愿景。与此同时，在现实生活中，有些人的道德状况令人担忧。德育显然没有达到预期目的。

正如上文所言，对道德可教的怀疑更多源于因人性复杂而导致的德育效果不佳，因此，与其在道德是否可教的问题上踟蹰不前，不如在道德如何教的问题上下些功夫。

道德难教主要源于人性的复杂。马克思认为："在任何情况下，个人总是'从自己出发的'……他们的需要即他们的本性。"[1]"人的存在方式也就是人的生活方式……人有什么样的需要以及如何来满足这些需要也就有什么样的存在。"[2]唐凯麟也认为："在自然界中，各种不同的生命机体都有各自的需要，它们各自特殊的需要就分别表明了它们自己特殊的属性。人之所以具有人的质的规定性，与人的需要的内容和性质是密切相关的。"[3]

需要是人的本性，人的需要体系是理解其道德发展的钥匙。一方面，需要反映的

---

① 《马克思恩格斯全集》第3卷，514页，北京，人民出版社，1960。

② 刘世昱：《马克思需要理论及其当代价值研究》，博士学位论文，辽宁大学，2018。

③ 唐凯麟：《对消费的伦理追问》，载《伦理学研究》，2002(1)。

是人对世界的依赖和要求，在这个意义上，需要是利益的表征；另一方面，道德标识的是人际利益的界限与规范，亦即需要的界限与规范。人的需要是一个复杂的体系，一方面，人需要克制其生物性需要，明确自我的欲望界限，以建构和维系特定的社会关系；另一方面，人需要引导其社会性需要和精神性需要的提升，以促进自己的社会性和精神性成长。人性是复杂的，德育应该针对人性的不同方面即人的不同需要而采取不同的措施。

道德是人类精神的自我观照和自我引领，德育是传续这种精神，理想的德育之路是引导人摆脱生物性欲望的牢笼，不断激发人的社会性需要和精神性需要，从而促进人的全面发展。

在道德如何教的问题上，德育理论和实践领域已经积累了丰硕的成果，但从需要的角度切入还是一个新的视角。

第四节
德育理论体系的初步构想

德育作为一种历史与现实始终存在，其合法性已经被历史和现实不断确证。理论样态的德育又该如何面对自己的合法性问题？换言之，德育理论的价值何在？按照马克思的理解，理论来自实践，同时又高于实践并指导实践。德育理论的合法性或价值在于对德育实践的解释和指导。德育理论怎样才能实现这种价值呢？我们首先来考察当前主流德育理论的基本架构和研究的主要指向。

一、当前主流德育理论的基本架构

国内学者关于德育的专著不算很多，比较有代表性的包括黄向阳的《德育原理》、鲁洁和王逢贤主编的《德育新论》、檀传宝的《德育原理》等。这三本书既有继承，又有原创；既有共同之处，又有旨趣差异。

2000 年华东师范大学出版社出版的黄向阳的《德育原理》一书的篇章结构如下：

第一章　德育即道德教育

第二章　德育即教育的道德目的

第三章　德育的必要性

第四章　德育的可能性

第五章　德育内容

第六章　德育手段

第七章　德育方法

第八章　直接道德教学与间接道德教育

第九章　认知性道德发展模式

第十章　体谅模式

第十一章　社会行动模式

第一章到第三章为关于德育的一般理解，主要涉及德育的概念和功能或价值等；第四章主要涉及个体道德成长的规律和影响因素；第五章为德育内容；第六章到第十一章为实践策略部分。

2010 年江苏教育出版社出版的鲁洁和王逢贤主编的《德育新论》一书的篇章结构如下：

第一章　道德教育的哲学基础

第二章　文化学视角中的德育

第三章　德育与认知

第四章　道德与情感

第五章　德育的本质和面临的新挑战

第六章　德育的目标及分类

第七章　德育的个体性及社会性功能

第八章　德育过程理论

第九章　德育方法及其应用

第十章　德育过程中的教育者

第十一章　学校德育管理

第十二章　德育评价新探

第十三章　当代西方道德教育理论的发展及其特点

第一、第二、第五、第七章主要围绕德育的理解展开，主要涉及不同学科角度对德育的考察，以及德育的功能；第三、第四、第八章主要涉及个体道德成长的规律和影响因素；第六章论述德育的目标；第九章到第十二章为德育实践策略；第十三章为当代西方道德教育理论的发展及其特点。

2017 年北京师范大学出版社出版的檀传宝的《德育原理》一书的篇章结构如下：

第一章　德育与德育理论的发展

第二章　现当代德育思想

第三章　德育本质与德育功能

第四章　德育对象与德育主体

第五章　德育目的与德育目标

第六章　德育内容与德育课程

第七章　德育过程与德育方法

第八章　学校德育的社会环境

第一章和第二章主要涉及德育理论本身的历史与现状，属于德育思想史或发展史的范畴；第三章和第四章主要涉及对德育的理解，包括德育的本质、功能、对象和主体；第五章为德育目标；第六、第七、第八章主要涉及德育实践策略，包括学校德育策略和社会环境。

从这三本比较有代表性的专著看，德育理论主要涉及三大主题：一是德育的本质，即从不同角度或不同学科出发对德育的理解或解释；二是德育的目标，即德育应该达到的结果；三是德育实践策略，即实现德育目标的手段、途径、方法等。

二、当前主流德育理论研究的主要指向

面对德育实践及其历史，德育理论研究应该承担以下责任：一是解释和澄清，即对已经发生的德育现象进行分析和解读，从中发现规律性的东西，这种规律性的东西既包括宏观层面的历史发展规律，也包括个体层面的道德成长规律；二是批判，即从特定的角度或价值规范出发对已经发生的德育现象进行反思，总结历史经验和教训；三是引领，即提出具有实效性的实践指导策略。基于此种认识，本书主要涉及以下几个主题。

德育是什么：对德育本质的追问。从德育的历史和现实出发探讨德育的实然状态和应然走向。

道德是什么：对道德本质的追问。道德成长是德育的核心目的，德育的理论和实践都要建立在道德理解的基础之上，道德理解的深度和广度决定着德育理论和实践的基本性质。

德育的规律：个体道德成长的心理机制和影响因素。理解和把握德育规律是德育实践的前提，是德育的关键环节。

德育的目标：德育能够和应该达到的结果。德育目标是德育的核心要素，决定着德育的其他各个方面，包括内容、课程、方法、途径等基本问题。

德育的策略：如何才能更好地促进个体道德成长。个体道德成长是一个非常复杂的现象，是诸多因素共同作用的结果，只有汇集和协调各方面的因素，才可能有效促进个体的道德成长。

第五节
德育的能力限度[①]

毫无疑问，教育不是万能的，它不能实现人们为它设定的每一个任意的目标；同样，德育也不是万能的，德育也不能实现人们为它设定的每一个任意的目标。任意夸大德育的作用对德育的开展和学生思想品德的顺利发展都是不利的。德育的能力有一个限度。

一、问题的缘起

德育困境被许多人称为"不争的事实"。围绕德育困境的成因、表现、对策等方面，理论和实践领域进行了许多思考和探索。透过具体的事实陈述和原因分析，德育困境主要指以下两种情况。

第一，投入与效果失衡。基于对德育地位和作用的充分重视与特定的社会历史传统，社会主流的各个层面对德育寄予了很大的希望，也给予了人、财、物等方面的大力支持。但当前学生的整体思想道德状况却不容乐观，德育的投入和德育的效果失衡。

第二，工作过程困难。这种情况与第一种情况相关。各个相关部门和德育工作者出于对德育重大责任的理解，努力推进德育工作。但这种努力无论是在学生当中，还是在德育工作者当中都产生了一种事与愿违的结果。德育工作不仅受到学生的拒斥，而且德育工作者在从事德育工作的时候，也难免言不由衷、空话连篇而又不得不为。德育的处境实在尴尬。

这两种情况可以被抽象为这样一个现实：德育经过巨大努力没有完成既定的任务或实现预期的目标。从逻辑上分析，这种结果的出现有几种可能。

第一种可能，也是最容易想到而且的确是被广泛认可的一种情况，即德育本身存在一些问题，导致不能实现预期目标。从目前德育理论和实践领域的努力方向来看，这种可能被关注得最多，做的改进也不少，但德育困境依然存在。这说明德育内部的改革还不到位。

第二种可能，即目标设定不恰当。目标的设定超出了德育可能达到的范围，无论如何努力，德育都不可能完成这种目标。如果德育的确被赋予了超出其能力的任务，

---

① 佟雪峰：《论德育的能力限度》，载《思想理论教育》，2005(7)。

那么德育困境的出现就是一个必然的结果。

第三种可能，即目标的实现受到多种因素的影响，德育只是其中之一。德育对目标的实现或任务的完成负有责任。但其他因素也同样负有责任，德育并不能单独实现相关目标。

综上所述，当前的德育困境可能主要源于德育本身存在一些问题，被赋予了一些不可能完成或者不可能单独完成的任务。那么，德育究竟能干些什么？德育的能力有没有一个限度？

二、德育能力限度的论证

(一)德育的前提性问题——道德是否可教

如前文所述，人们对道德是否可教问题的争论从来没有停歇过，人们对道德可教的怀疑更多源于因人性复杂而导致的德育效果不佳。道德可教与其说是一种事实，不如说主要是一种信念。德育的存在并不能证明道德一定可教。不应该因为德育的存在，就简单地认定道德必然可教。

(二)德育与个体道德行为之间不存在必然的因果关系

即使我们承认德育对个体道德成长具有巨大的影响，但依然无法确认德育与个体道德行为之间存在必然的因果关系。换言之，个体道德行为背后未必一定是德育推动的。

第一，人的行为是一个复杂系统中各种因素综合作用的结果。个体是否会做出一定的道德行为受到很多因素的影响。[1]

第二，个体的道德解约机制会影响个体的道德表现，使个体的内在价值观念与外部行为出现背离。班杜拉等人的研究证明，道德主体力量是实现道德原则向道德行为转化的中介，而这种转化是否会顺利实现，取决于道德主体自我调节系统对社会惩罚和自我谴责的预期。如果个体能够通过某种道德解约机制规避其道德后果，那么就可以问心无愧地表现各种不道德的行为。无论在历史上还是在现实中，人们经常在自卫、正义等美名下表现出不同规模和程度的罪恶行为，就是通过各种道德解约机制进行自我辩解、自我解脱的。[2]

---

[1]　佟雪峰：《个体道德行为的心理学分析》，载《辽宁师范大学学报(社会科学版)》，2002(4)。

[2]　高申春：《道德与不道德之间——从道德解约机制看人类道德行为悖论》，载《吉林大学社会科学学报》，2000(3)。

第三，制度或环境的德性会影响到个体的道德表现。如果制度或环境本身缺乏德性，就很难要求其中的个体做出道德行为。

(三)德育能力限度的现实证明

学生的道德面貌的实际情况也在一定程度上证明了德育能力的有限性。一方面，学生有比较完备的思想道德知识、道德观念体系，这说明德育还是做了许多工作的；另一方面，学生在行为修养和心理素质方面却有欠缺。这种情况概括起来就是知行脱节、表里不一。要解决社会道德、社会风气问题，制度的完善也很重要。这句话可以从另外一个角度理解为学校德育只能解决其所能解决的问题，德育有自己的能力限度，有许多问题是德育无能为力的。

学生在一定条件下是否做出特定的道德行为，不仅取决于他所受到的德育，而且取决于环境、个性等其他一系列条件。因此，尽管德育对个体道德表现的影响是巨大的，但德育不能也不应该做出这样的承诺：在自然状况下，受到德育的学生一定会表现出某种适当的道德行为。这就是德育的能力限度。即使是认为道德可教的人也不得不承认，在学生能否一定做出道德行为的问题上，谁也没有把握。

三、德育能力限度问题的价值

尽管德育的能力有限，但并不能因此低估德育的价值和作用。明确德育的能力限度，目的并不在于废除或削弱德育，而只是指出了一种"欲速则不达""强为不可为之事"的德育困境，进而希望以一种更为合理、更为有效的方式加强德育。

(一)对德育目标进行合理性论证，避免德育的形式化

德育具有目的性，但有些目标无论是确立过程还是内容本身都明显地具有随意性和理想化的特征。当一种德育目标超越了学生的心理发展水平的时候，除了硬性死记硬背和虚伪模仿之外，还有什么更好的方法？当一种德育目标与社会环境的整体气氛脱离太远，远离学生的生活经验的时候，除了灌输，还有什么更好的方法？有些目标作为一种方向性的要求未尝不可，但一旦要求必须达到，德育既不可能实现，又不可能拒绝，只能走形式化的道路：浮于表面、流于形式、走走过场。这是导致德育工作难做以及给人"假大空"、没意思等印象的主要原因之一。要走出当前的德育困境，必须对德育目标进行合理性论证。

(二)减轻德育的压力，创造轻松的育人环境，避免强制化

德育目前承担着来自社会各个方面的压力，这些压力主要源于对德育改善学生道

德面貌的过高期望。在这种压力以及由此而来的对德育工作的评价体系之下，德育的功利化、表面化、简单化在所难免。减轻德育的压力，创造轻松的育人环境，势在必行。

德育只是影响学生思想品德的因素之一，不能仅仅把目光盯在德育上，不要把改变学生乃至全社会思想道德状况的重任全部压在德育的肩上，而忽略了其他方面的问题和建设。不要给予德育过多的指责。这种指责不仅不符合实际情况，而且带来的压力无形当中会转嫁到学生身上，对学生身心的健康成长是不利的。

(三)提升德育本身的道德性，促进德育的合理化、道德化

虽然德育本身存在不足，但不能以此为借口推脱其在学生道德成长方面的重大责任，应进一步改革德育。抛开德育目标不当的影响，当前德育工作者的素质、德育方法的选择、德育环境的整合等几方面都存在问题。而在诸多问题之中，最重要的是德育本身的道德性问题。

德育对学生道德成长的意义不言而喻，而德育本身的道德性水平如何，对学生的道德成长更具有直接的影响。"试图用不道德的手段达到道德的目的，且不论其结果如何，也不论其逻辑是如何地荒谬，其行为在一开始就已经走向了道德的对立面。"[1]只有有道德性的德育才能培养出有道德性的人。促进德育的合理化、道德化是当前德育改革与发展的必然选择。

缺乏合理的、清晰的能力定位是当前德育困境的重要原因之一。对德育过高的要求与期望在一定程度上导致了德育目标的理想化、内容的教条化、方法的简单化等问题，使德育与学生的生活世界越来越远，德育越来越受到各方面的拒斥。从德育能力限度的角度反思德育困境是一种新的尝试，希望这种思路对德育困境的缓解能有所帮助。

本章小结

第一，本章以德育的历史起源和传承为切入点，在德育发生、发展的历史轨迹中寻觅德育的内在本性。最初，现代意义上的"德育"概念始于西方，中国近代对"德育"概念的理解主要在道德教育的意义上展开。但中国传统德育与新中国成立之后的德育主要以广义的德育存在，遵从"大德育"理念，而非西方以伦理道德教育为主的德育概念。

第二，德育概念是德育本质的一般性表达，体现了特定主体对德育应然

---

[1]　杨孝如：《道德法律化：一个虚假而危险的命题》，载《西南师范大学学报(人文社会科学版)》，2003(3)。

状态的理想设定。德育本质是德育同其他教育现象、其他认识和社会实践活动区别开来的基本特点和属性。德育本质既关涉德育是什么，也关涉德育应该是什么。德育本质是德育主体在德育实践中生成和建构的。

第三，德育的价值源于道德可教的信念。具体来说，德育的价值主要体现在促进个人道德发展、促进社会道德进步、维持学校生活秩序方面，具有社会性功能、个体性功能和教育性功能。但由于理论困境和德育现实困境，道德可教一直广受质疑。尽管在逻辑上道德是否可教优先于道德如何教，但鉴于道德是否可教问题的困境，道德如何教才是一个应该提出的好问题。

第四，当前主流德育理论的基本架构主要涉及德育的本质、德育的目标和德育实践策略三大主题。德育理论研究应承担解释和澄清、批判及引领的责任。基于此种认识，本书的理论体系主要涉及德育是什么、道德是什么、德育的规律、德育的目标和德育的策略五大主题。

第五，德育不是万能的，德育的能力有一个限度。

章后练习

一、名词解释

1. 德育的本质。

2. 德育的概念(广义和狭义)。

3. 德育理论的三大主题。

二、简答题

1. 简述现代意义上德育概念的历史流变。

2. 简述德育的社会性功能。

3. 简述道德应教的来源。

4. 简述德育理论研究承担的责任。

三、思考题

1. 纵观诸多学者对德育概念的界定，你所理解的德育概念是什么？

2. 试比较中西方德育的差异，谈谈自己的认识。

3. 德育在人的发展中起什么作用？

延伸阅读

傅琳凯：《中国古代思想政治教育史研究》，博士学位论文，东北师范大学，2011。

贺韧：《儒家传统道德教育思想探析》，博士学位论文，湖南师范大学，2006。

胡守棻主编：《德育原理》，北京，北京师范大学出版社，1989。

黄向阳：《德育原理》，上海，华东师范大学出版社，2000。

蒋一之：《"道德是否可教"问题的症结与解决》，载《社会科学战线》，2007(3)。

刘世昱：《马克思需要理论及其当代价值研究》，博士学位论文，辽宁大学，2018。

鲁洁、王逢贤主编：《德育新论》，南京，江苏教育出版社，2010。

石中英：《"教育"概念演化的跨文化分析》，载《高等师范教育研究》，1997(4)。

孙喜亭：《教育原理》，北京，北京师范大学出版社，1993。

檀传宝：《德育原理》，北京，北京师范大学出版社，2017。

王道俊、王汉澜主编：《教育学：新编本》，北京，人民教育出版社，1989。

第二章

道德与思想品德界说

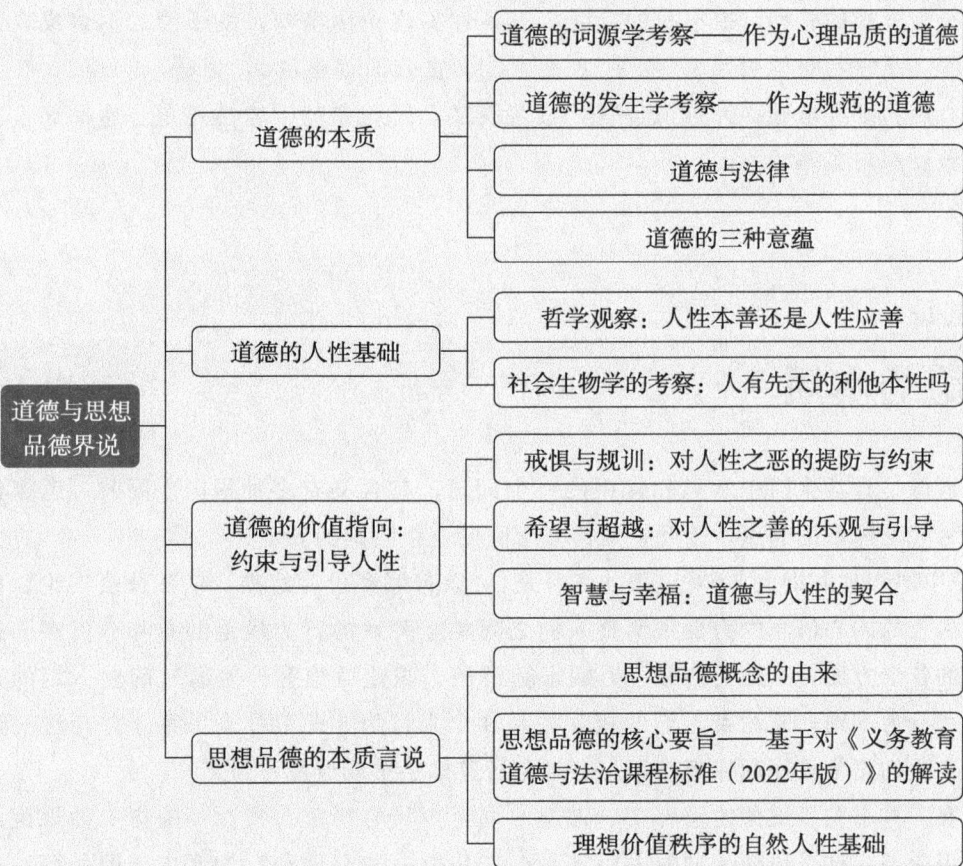

```
                              ┌─ 道德的词源学考察——作为心理品质的道德
              ┌─ 道德的本质 ──┼─ 道德的发生学考察——作为规范的道德
              │               ├─ 道德与法律
              │               └─ 道德的三种意蕴
              │
              │               ┌─ 哲学观察：人性本善还是人性应善
              ├─ 道德的人性基础 ┤
              │               └─ 社会生物学的考察：人有先天的利他本性吗
道德与思想     │
品德界说 ──────┤                      ┌─ 戒惧与规训：对人性之恶的提防与约束
              ├─ 道德的价值指向：──────┼─ 希望与超越：对人性之善的乐观与引导
              │   约束与引导人性       └─ 智慧与幸福：道德与人性的契合
              │
              │                  ┌─ 思想品德概念的由来
              └─ 思想品德的本质言说 ┼─ 思想品德的核心要旨——基于对《义务教育
                                  │   道德与法治课程标准（2022年版）》的解读
                                  └─ 理想价值秩序的自然人性基础
```

何为道德？何为思想品德？许多人都不能清楚地区分道德与思想品德两个概念。我国习惯于在更广泛的意义上思考和使用德育，思想品德概念与德育外延的扩展直接相关。在中国传统文化语境下，道德和思想品德之间存在内在的一致性，思想品德是包括个体政治、思想、道德等诸多方面素养在内的"大"概念，这种理解和定位在中国有其特定的文化惯性。

德，是德育的目标，也就是受教育者应该具备的品性，即特定的内在心理倾向和外在行为方式的总和。在不同的社会历史条件和理论语境中，关于德的称谓或表达并不相同。在古希腊德被称为"德性"；在中国，古代时德被称为"道德"或"德"，在新中国成立后德则经常被称为"思想品德"或"品德"。无论是德、德性还是思想品德，其概念的源流都与道德相关。

第一节
道德的本质

道德是日常生活中常见和常用的一个词语，其含义有多种指向。同时，道德概念是德育理论体系的起点，因此，道德概念需要一个明确的界定。

《中国心理咨询大典》对道德的解释是："以善恶评价为标准，依靠社会舆论、传统习俗和人的内心信念的力量来调整人们之间相互关系的行为规范的总和。贯穿于社会生活的各个方面，如社会公德、婚姻家庭道德、职业道德等。他通过确立一定的善恶标准和行为准则，来约束人们的相互关系和个人行为，调节社会关系，并与法一起对社会生活的正常秩序起保障作用。有时专指道德品质或道德行为。"[1]

在工具书关于道德的解释中，道德一词至少具有两重含义：一是指一种规范或社会意识形态，这是道德一词的主要含义；二是指一种心理和行为倾向，即品德。这是当代社会对道德的一般理解。欲界定道德概念，还需要进一步从道德的源头上考察。

---

① 章志光、林秉贤、郑日昌主编：《中国心理咨询大典》上册，141～142 页，天津，天津科学技术出版社，2008。

一、道德的词源学考察——作为心理品质的道德

在先秦诸子中，"道"与"德"是两个独立的词，具有不同的含义，一般分开来使用。"道"的原意为"道路"，后引申为天地万物运行的法则与规律以及社会的基本准则。比如，《论语》中所讲的"道"主要有以下几种含义：一是指道路和途径，二是指规矩和规范，三是指社会和政治的最高原则和做人的最高准则，四是指道理和学说。"德"字始见于商代甲骨文。德的古字形从行、从直，以示遵行正道之意，是指遵循宇宙客观规律和社会基本准则。《说文解字》对"德"的解释为，"德者，得也"，"内得于己，谓身心所自得也；外得于人，谓惠泽使人得之也"，即遵循"道"来行事，既能惠泽他人，也有益于自己。金文中的"德"字从心，这就为"德"的含义加了一条标准，即除了行正、目正外，还要心正，可见此时"德"字被赋予了人内心的情感和信念这层新的含义。

"道""德"二字连用，始见于《周易》。例如，《周易·说卦》曰："观变于阴阳而立卦。发挥于刚柔而生爻，和顺于道德而理于义，穷理尽性，以至于命。"此外，《荀子·劝学篇》曰："故学至乎礼而止矣。夫是之谓道德之极。"《荀子·儒效篇》曰："言道德之求，不二后王。"《荀子·强国篇》曰："威有三：有道德之威者，有暴察之威者，有狂妄之威者。"这些言论中所提到的"道德"虽属连用，但尚不是一个词的含义。在中国古代文化中，各家对于"道""德"的理解有同有异。在儒家的言论中，关于"道""德"，大抵是指个人的品德、品行或良心。而在道家的言论中，"道""德"大多指宇宙的自然规律，少数也有品德之说。"道德"直到汉代以后，才专指人们的品德。

从当代伦理学的角度看，"道"指公共价值规范，强调的是人应该如何行事；"德"指人的德性，强调的是人应该成为什么样的人。①

总起来说，"道德"大致可以理解为人们通过自觉遵守外在的社会规范和行为准则而达到的一种境界或形成的一种卓越品性。

在中国传统文化语境中，"道德""德"与"德性"的内涵具有一定的一致性，都含有追求完善人性之意，即在理解世界万物运行法则的基础上为自我确立理想的发展方向和状态。在这一点上，中国古代的先贤与古希腊先贤是一致的，尽管他们关于人性之善的理解并不一致。

值得注意的是，在中国传统文化语境下，"道德"尤其是"德"的内涵具有独特的政治色彩或者说价值观色彩。

在先秦时代，道德问题首先是个政治问题。鉴于殷商的衰亡，周初统治者以"皇天

---

① 魏则胜：《实践理性的重建：伦理学基本问题的设问与解答》，载《哲学动态》，2008(8)。

无亲，惟德是辅"的理念从事巩固政权的活动，提出了"敬德配天"的观念。① 这时候的"德"更多指向制度之德与君主之德。换言之，王或天子的德与国家治理密切相关，与家国命运密切相关。

在这个意义上，中国传统文化中的"德"首先具有的是政治价值，是关于国家如何存续和发展的生存智慧与国家治理根本。儒家延续了这一思想传统，但把德的主体从王或天子扩展到了每一个个体。对孔子而言，如果每个人都具有了仁德，那么天下就能永葆太平，每个人也能获得幸福生活。

二、道德的发生学考察——作为规范的道德

作为规范的道德，其本质是对人性的应然规定。这种应然规定本身，应该得到充分论证，才能够使人信服、使人遵从。这个问题就是所谓道德的合法性问题，而道德的合法性问题又与道德的起源问题密切相关。

道德起源问题的实质就是追问谁或者何种力量为道德提供了最基本的依据。伦理思想史上关于道德起源的观点主要有以下四种：上帝决定论、心理主义论、社会契约论以及马克思主义的相关观点。

(一)上帝决定论

这种观点认为，道德是上帝的意旨。上帝通过把自己的意图传授给特定的人而制定了社会道德。上帝决定论也被称为神启论。神启论把道德的起源看作神的启示或天的意旨，认为道德是神或天的创造。在中国传统文化中也有类似的观点，董仲舒就说过，"王道之三纲，可求于天"，"道之大原出于天。天不变，道亦不变"。在董仲舒看来，道与天密切相关，人道即天道，人道的根源在于天道。

上帝决定论的实质是不相信人能自发地产生道德。人自己虽然感觉到应该受到规则的制约，但由于人的有限性，人不可能凭自己的理性来为自己制定行为戒律，戒律应该来自一个至高的神，他所颁布的戒律是神圣的、不可违反的。上帝决定论强化了道德的外在权威性，在一定条件下使得道德更容易让人敬畏和信服。

(二)心理主义论

这种观点也被称为天赋论或良心说。这种观点认为，道德出自人的某种天然属性，出自人的自然本能。亚当·斯密认为，社会道德是人天然存在的同情心的结果。他认为，人之所以有道德，是因为人天生就有一颗同情心。

---

① 杨芳：《儒家德性理论研究》，博士学位论文，南京大学，2012。

康德认为，道德原则既不是来自外部经验世界，也不是来自上帝，而是起源于人类固有的纯粹理性和善良意志。道德原则只能从纯粹理性即人的精神意识中来。在康德看来，一个人的行为是否具有道德价值，应以其是否出于善良意志为标准，道德就是善良意志发出的绝对命令。简单地说，康德认为道德原则来自人的理性或意志，而理性或意志也不过是人的某种自然心理倾向或能力。

孟子的性善论也是一种心理主义论。孟子认为，人与禽兽的根本区别在于人有自觉的道德观念而禽兽却没有。而人所具有的恻隐之心、羞恶之心、辞让之心、是非之心都根源于人的自然本性。

本能论认为，道德乃是动物的互助精神、合群感等社会性本能的延续和复杂化。以达尔文为代表的进化论伦理学认为，人类道德起源于动物的社会性本能。

最有代表性的是边沁的观点。边沁认为，趋乐避苦是人性的基础，也是道德的基础。道德上善恶的评价与苦乐的计算密切相关，最大多数人的最大幸福就是一切社会道德的标准，也决定着个人行为。这种对苦乐的计算、人类趋乐避苦的本能就是道德的起源，道德不过是使我们获得更大的、更多的快乐的工具。

(三)社会契约论

霍布斯认为，人本性自爱，人天生是恶的，人根本无所谓"道德需要"。自然状态的人为求生的欲望驱使，免不了互相争斗。人为了和平，不至于因为无休止的争斗而同归于尽，不得不订立契约，社会就有了所谓"道德"。道德是人为了避免相互伤害而订立的契约。

(四)马克思主义的相关观点

马克思主义认为，道德的出现源于以下四个条件：其一，社会关系的形成与复杂化是道德产生的客观条件；其二，人的自我意识的形成与发展是道德产生的主观条件；其三，生产实践是道德产生所需要的主客统一的社会条件；其四，社会分工是道德从萌芽到生成的重要条件。

其中，前两个条件最为关键。第一，社会关系的形成与复杂化。道德萌发于人类早期劳动和简单交往。一般认为，社会关系的形成与复杂化是促成道德出现的最原始的动力。合群是人的本性，人必须要与其他人合作才能够生存。随着人类的进化，人与人之间的关系越来越复杂。这种越来越复杂的关系需要某种规范来进行调节，以使族群的关系得以维系，从而为族群的生存和发展提供保障。

道德形成于社会分工的出现和发展。社会分工的出现和发展使人类的社会关系特别是利益关系更加深化和复杂化。从早期的、简单的合作互助，到后来的社会分工，包括性别的分工、年龄的分工以及农业和畜牧业的分工、农业和手工业的分工，使人与人之间的关系日趋复杂，关系的复杂带来利益的复杂化，需要处理的利益之间的冲突也越来越多，这就需要某种规范来调节人们之间的矛盾，来协调人们之间的利益，这种需要推动了道德的出现。正如恩格斯所说，"人们自觉地或不自觉地，归根到底总是从他们阶级地位所依据的实际关系中——从他们进行生产和交换的经济关系中，获得自己的伦理观念"①。

第二，人的自我意识的形成与发展。道德出现的另外一个推动力来源于人的自我意识的形成与发展。一方面，人越来越清楚地意识到自己和周围世界的区分，越来越清楚地意识到自己利益和他人利益之间的区分；另一方面，人也越来越清楚地意识到责任、义务和善恶等问题。因此，道德是随着人自我意识的清晰化而出现的。

总之，道德是社会经济基础决定的一种社会意识形态，是社会经济关系的产物和反映。社会经济基础的性质决定了道德的类型和性质，决定了道德的基本原则和主要规范。道德除了受社会经济基础决定外，还受到其他社会因素的制约和影响。这些社会因素包括科技、政治、法律、教育、文化、艺术、宗教，以及人们的生活方式、社会心理和民族传统习惯等。不同的民族、不同的历史时期、不同的文化条件，其道德规范的内容和形式还是有所差别的。

三、道德与法律

要深刻理解道德的本质，还可以通过与法律进行比较。道德和法律都是对人性和行为的约束。但是这两种约束具有很大的差异，在形式、内容、约束力等方面有很大的不同。

就形式而言，道德一般是通过风俗、习惯等不成文的形式呈现的；而法律都是成文的，是用严谨的文字清楚表述出来的。就内容而言，道德涉及的主要是个体观念和意识层面的问题，而法律涉及的主要是人们行为层面的问题。道德与法律最典型的不同是约束力不同，道德主要依靠人的自觉以及社会舆论的压力；而法律依靠的是国家的强制力，警察、法院、监狱等强制性的工具的存在就是为了保证和强制人服从法律。

道德与法律最重要的不同在于人性假设不同。简单地说，道德的人性假设是人性本善，其目的在于引导人向善；而法律的人性假设是人性本恶，其目的在于防止人作恶。

人之所以需要这两种约束系统源于人性的复杂，人既有源于其生物性本能的动物属性，又有源于其社会性本能的道德可能性。人性本善或人性本恶都把人简单化了，人性是善恶的奇妙混合。人既需要严格的、以强制力量作保证的法律来规约人性中

① 《马克思恩格斯选集》第3卷，434页，北京，人民出版社，1995。

"恶"的方面或动物性方面，也需要充满温情与希望的道德来引导人性中"善"的方面或社会性方面，使其发扬光大，建构理想社会。

值得注意的是，人性本善是孟子、卢梭等先贤持有的观点，但这种观点与其说是一种事实判断或描述，不如说是一种价值期许。人性本善不过是这些先贤们对人性的美好向往。与其说人性本善，不如说人性应善更为妥帖些。

四、道德的三种意蕴[①]

道德既是社会现象，也是个体现象；既是历史的，也是现实的。对道德的内涵和意义可以做多个层面的理解。首先，道德意味着一种约束和规范；其次，道德是人在长期的社会历史实践中积淀和传承的生活智慧，是人为了美好生活而主动选择的生活方式；最后，道德是人证明自己人性的主要方式之一。

(一)道德是一种约束和规范

对于一个新生的个体而言，更多的是生物学意义上的存在，各种本能、欲望与动物基本无异。但人与动物的最大不同在于其必须与其他人类个体结成群体，必须被接纳为特定群体或社会的成员才能够生存和成长，而群体或社会必然会对个体的言行进行必要的约束。如果说成年个体可能已经把这种约束视为当然和自然，那么，对于年幼个体而言，这种当然和自然可能会被认为是一种约束和规范。

道德的这种约束的特点在现代社会表现得尤为明显。启蒙运动倡导的理性、自由、权利的观念使个体主义流行，个体的自由、权利受到尊重和保护，个体的欲望，尤其是物质方面的欲望得以合理化、膨胀化，为了维系社会就必须对个体进行起码的约束。"由于现代道德已经被看做是维护社会生活的最小要求，因此那些要求就被认为是每个人都必须严格服从的，而且，在满足那个条件的情况下，每个人都可以去自由地追求他理性地认同的生活观念。密尔和康德都从不同的观点强调说，一个道德上像样的生活必须以不违背或侵犯他人的自由和权利为前提。"[②]现代道德的核心概念是义务、责任和规则等，在许多人看来，这本质上带有惩罚性或纠正性倾向，从某种意义上说的确如此。

(二)道德是一种人特有的生活方式

如果仅仅把道德理解为一种对人的约束和规范，那么，人与动物的区别就不值得

---

① 佟雪峰：《情感的道德价值探析》，载《考试周刊》，2013(35)。
② 徐向东：《自我、他人与道德——道德哲学导论》下册，511页，北京，商务印书馆，2007。

我们骄傲了。动物界也有约束和规范，尽管是无意识的。道德还是人为了生存和发展以及实现美好生活理想而进行的一种主动选择。"人性使我们每个人在追求自己的幸福或生活理想时都不是自我允分的，人类的生存条件使我们在追求自己的自我利益时必然会发生冲突。所以，为了在现实的人类条件下能够顺利地追求我们自己的幸福或生活理想，我们就必须遵守和服从某些共同认识到的规则，按照这些规则来引导我们的行动。……道德的目标就是要创造一个繁荣昌盛的人类共同体。"①

按照亚里士多德等人的观点，一个成熟的、具有理性的人会自然地对道德的观点产生兴趣，因为那是使一个人幸福和完善的自然要求。正如密尔所言，德性本身不是可欲的，只有在它与幸福相关联时，它才是可欲的。道德正是幸福生活的要件之一。虽然关于幸福的理解各不相同，但毫无疑问的是，幸福总是在一定的群体关系中实现的。与他人建立恰当的关系是幸福的前提，而只有通过道德这种约束才能构建起恰当的关系。

(三)道德是一种人性自我确证的方式

对个体而言，被他人、社会接纳是个体生存和发展的前提，同时，这种接纳乃至认可、尊重也能够为个体提供意义感、心理满足感。道德就是个体获得他人、社会接纳乃至认可、尊重的前提和途径之一。对于一个被认为缺乏基本道德修养的个体而言，最大的惩罚之一无疑是不把他当作"人"来看，即把该个体排斥在人的群体之外。日常语言中"不是人"这句狠话，不是要否定某个人生物学意义上的人的属性，而是要表达对一个缺乏人之为人的基本道德修养的人的评价，以及由此评价带来的憎恶感。从这个意义上说，道德是个体证明自己人性，获得他人和社会接纳乃至认可、尊重的基本方式。

"仔细推敲'人'这个概念中所包含的含义，我们可以看到：道德品性可以说是最为重要的因素。因而，人类，无论是类还是个体，总是要不断地确证自己是一个有道德的动物，是一种不同于别的动物的动物，以此来证明自己是人而不是禽兽。"②人和动物一样，也有着各种各样的欲望和冲动，康德称之为"倾向"，这些倾向体现了人性中的动物性方面。正是在这个意义上，康德把美德定义为理性和意志对欲望和冲动的控制。康德认为，人的尊严就在于人是自主的和自由的——人必须自己来选择和决定自己的生活方式。道德证明了人的理性和意志，使人在各种各样的动物性的欲望和冲动面前保有一份自由，也确证了人之为人的尊严。

---

① 徐向东：《自我、他人与道德——道德哲学导论》上册，40~41页，北京，商务印书馆，2007。
② 张传有：《伦理学引论》，54页，北京，人民出版社，2006。

第二节
道德的人性基础

作为一种规范，道德是对人性的约束；作为一种理想，道德是对人性的引导。这种约束与引导是否有效？为什么有效？道德是一种不得已的选择，还是一种人性的自我引领？如何理解道德与人性的关联？人性之中是否具有道德的先天基因？

一、哲学观察：人性本善还是人性应善

与这个问题有同等效力的一个问题是，人有天生的善端吗？

（一）人性本善的假设

儒家文化是中国传统文化的主流，孟子最早对人性本善进行了系统的阐述，他把人的本性概括为恻隐之心、羞恶之心、辞让之心、是非之心，而且"无恻隐之心，非人也；无羞恶之心，非人也；无辞让之心，非人也；无是非之心，非人也。恻隐之心，仁之端也；羞恶之心，义之端也；辞让之心，礼之端也；是非之心，智之端也。人之有是四端也，犹其有四体也"（《孟子·公孙丑上》）。

"水信无分于东西。无分于上下乎？人性之善也，犹水之就下也。人无有不善，水无有不下……恻隐之心，人皆有之；羞恶之心，人皆有之；恭敬之心，人皆有之；是非之心，人皆有之。恻隐之心，仁也；羞恶之心，义也；恭敬之心，礼也；是非之心，智也。仁义礼智，非由外铄我也，我固有之也，弗思耳矣。故曰：'求则得之，舍则失之。'"（《孟子·告子上》）

孟子对性善论的阐释包含了三层意思：其一，人之初就具备了善的本质特点，即"四端"，类似于人之四体；其二，不具备这种善的本质特点，就不能称之为人；其三，只要顺从人的本性，就可以直达人性修养的最高点，即仁、义、礼、智。孟子的人性设计把人的标准定得很高：不仅需要自己达到，更重要的是需要别人接受，或看到你的"四端"。[①]

"儒家伦理学对人的心理感召力是巨大的，千百年来造就了千千万万'先天下之忧

[①]　王登峰、崔红：《心理社会行为的中西方差异："性善—性恶文化"假设》，载《西南大学学报（社会科学版）》，2008（1）。

而忧'的道德英雄人物……在这个意义上，我们甚至可以不夸张地说，是儒家的思想及其所倡导的内心激励机制在支撑着我们的民族和历史。"①

"内圣外王"是儒家的理想，家国情怀是君子的底色，儒家的这种道德理想主义的、带有某种浪漫主义色彩的精神追求深刻地影响着中国传统文化和中国人的精神世界。

（二）人性本善与人性应善

过度强调、强化人性中的善端可能导致道德的异化以及人性的道德自卑，也可能导致人不能正视自然本性。

相对而言，孔子对人的自然本性持一种积极的态度。孔子没有提过人性善恶问题。孔子关于人性的表述，有名的一句话是，"性相近也，习相远也"（《论语·阳货》），既没有说性善，也没有说性恶，给后世留下了很大的想象和论述的空间。实际上，孔子是强调人的自然本性的。他有一句十分著名的话："吾未见好德如好色者也。"（《论语·子罕》）他既看到了人性中自然本能的那一部分，隐含着人性需要修养的必要性，同时又强调教化和自我修养的重要性。② 而孟子过度强调人性中向善的一面，忽视甚至拒绝承认人的自然本性，把本来属于理想范畴的人性假设当作普通人都应该达到的底线要求。

人应该正视自己的本性，既看到自己身上的动物性本能，不需要为此惴惴不安；也要看到人性中向善的内在倾向，对人性的未来发展具有足够的信心。人既不能妄自菲薄，也不能妄自尊大。康德认为："在人类本性中有某种不纯正性，它最终却毕竟如同一切由本性而来的东西一样，必然包含有一种趋向于善的目的的素质，这也就是一种隐瞒自己的真实意向，而把某些假定的、被人看作善良和光彩的意向显露出来的爱好。可以肯定，人类通过这种既隐瞒自己又采取一个对他们有利的幻相的倾向，不仅使自己文明化了，而且逐渐地在某种程度上使自己道德化了。"③

二、社会生物学的考察：人有先天的利他本性吗

道德的起点并不是零，道德在人性中有先天的基础。这种人性基础就是人的利他本性，这种本性的重要表现就是亲社会行为。"亲社会行为（prosocial behavior）泛指一切符合社会期望而对他人、群体或社会有益的行为。它主要包括分享行为、捐献行为、合作行为、助人行为、安慰行为和同情行为等。"④达尔文的生物进化理论认为，在物竞

① 王云萍：《道德心理学：儒家与基督教之比较分析》，载《道德与文明》，2002(3)。
② 邵龙宝：《中西人性观：历史的嬗变与比较》，载《思想战线》，2010(5)。
③ ［德］康德：《纯粹理性批判》，邓晓芒译，576页，北京，人民出版社，2004。
④ 金盛华主编：《社会心理学》，299页，北京，高等教育出版社，2010。

天择的自然过程中，有利他本性的生物将有更好的种族存留机会，从而使它们的物种能够留存下来。换言之，人类能够在残酷生存竞争中得以留存，部分原因在于人与人之间的相互利他。

美国社会生物学家威尔逊在 1975 年发表的《社会生物学：一种新的综合》中，利用达尔文主义分析了各种社会动物（以群体形式存在的动物）的群体变化和行为模式。威尔逊认为，人类的攻击行为、利他行为、侵略性行为都具有一定的遗传基础。他列举了大量的动物研究资料来说明利他行为是动物的一种以自我牺牲换取其他个体与群体生存机会的本能。他认定，在特定动物种群中是有利他行为存在的，这种利他行为是由特定基因决定的。[①]

威尔逊认为，人的利他行为是由先天的基因遗传决定的，主要涉及亲属选择与团体选择，是不学而能的行为。亲属选择指的是，人一般会帮助那些与自身有一定血缘关系的人。团体选择是指，团体成员有选择地帮助与自己有亲密关系的团体而不顾其他团体。进化心理学的交互利他行为理论认为，只要利他者能够在将来的某个时刻从受惠者那里获得回馈式的收益，那么促使人类在非亲属之间产生利他行为的心理机制就能够得以进化。[②]

换言之，人类先天本性中包含利他的基因，虽然这种利他具有一定的局限性，但却是人类道德成长的先天基础，只要善加利用，就能生发出特定的品德。

第三节
道德的价值指向：约束与引导人性

性善或性恶与其说是一种事实，不如说是一种信念，代表了不同时代、不同文化对人性善恶的认知和态度。道德是这种认知和态度的典型表征，代表着不同时代、不同文化对人性发展方向、发展高度的判断与预期。

一、戒惧与规训：对人性之恶的提防与约束

儒家先贤们对人性之警惕随处可见："我未见好仁者，恶不仁者"（《论语·里仁》），"知德者鲜矣"（《论语·卫灵公》），"人之所以异于禽于兽者几希"（《孟子·离娄下》）。

---

① 金盛华主编：《社会心理学》，300 页，北京，高等教育出版社，2010。
② 金盛华主编：《社会心理学》，301 页，北京，高等教育出版社，2010。

持有"性恶论"观点的荀子更加直白:"今人之性,生而有好利焉,顺是,故争夺生而辞让亡焉;生而有疾恶焉,顺是,故残贼生而忠信亡焉;生而有耳目之欲,有好声色焉,顺是,故淫乱生而礼义文理亡焉。然则从人之性,顺人之情,必出于争夺,合于犯分乱理,而归于暴。"(《荀子·性恶篇》)董仲舒和韩愈的"性三品说"虽然肯定圣人之善性,但"中民"之性有善有恶,"斗筲"之性更是纯恶无善。宋代程朱理学所谓"革尽人欲"方能"复尽天理",即虽然对天理之复抱有信心,但前提是"革尽人欲"。

从汉代"罢黜百家,独尊儒术"开始,儒家伦理与权力的联系日益紧密,宋代程朱理学之后,儒家伦理成为国家权力控制社会和个体思想的基本途径与最佳选项。与日用伦常息息相关的儒家伦理在获得国家政权的青睐之后,成为国家的意识形态,其天然具有的日常生活气息慢慢消退,取而代之成为权力加持后的国家权力的有效工具,广受统治者的偏爱。渐渐地,儒家伦理从日用伦常的生活智慧变成了"礼教""名教"的训诫,"三纲五常"沦为"吃人"的礼教。

西方文化也警惕人性之恶,基督教的罪感文化代表了对人性的天然不信任。教父神学的代表奥古斯丁提出了著名的"原罪性恶论":"我们一定不要幻想在我们自身没有恶习,因为如使徒所说的:'肉体之所欲,反抗心灵'……我们在现世里无论如何不能够达到至善的。"[①]除此之外,霍布斯、孟德斯鸠、弗洛伊德等人也基本对人性抱有较为悲观的看法,西方现代政治体制也大都建立在对统治者即政府的不信任的基础之上。"道德沉沦的趋势,普遍地存在每个人的心中……就人的罪恶性而言,人人平等!"[②]"'苦难记忆'是人类道德的记忆,无论是西方的基督信仰,还是东西方的佛教信仰,还是中国的儒道哲学,都在用善和德性不断提醒人类自我克制和束缚。"[③]

也正因为对人性中恶的可能性的警惕,人性中的生物属性尤其是可能导致所谓"恶"的人性被无限放大,无论是文化层面还是制度层面,无论是社会生活还是学校教育,都充满了对人性的戒惧和提防,也自然而然地带来了道德和德育的威严。

二、希望与超越:对人性之善的乐观与引导

对西方文化而言,基督教的建立、传播和崛起代表了人类希望通过"自我救赎"等非理性的方式引导人性发展的初衷。耶稣代表的是一种否定自我以献祭的精神,这种精神成为西方人情感的最终依靠。

儒家文化则是以"内在超越"的方式从个体层面上引导个体的道德向上。所谓"八

---

① 周辅成编:《西方伦理学名著选辑》上卷,356～357页,北京,商务印书馆,1964。
② 张灏:《幽暗意识与民主传统》,28页,北京,新星出版社,2006。
③ 甘剑梅:《德育现代性的哲学论辩——兼论中国德育的现代性问题》,博士学位论文,南京师范大学,2004。

目"即"格物、致知、诚意、正心、修身、齐家、治国、平天下",表达的是个体不断超越自己的生物属性,不断增长群体性和社会性,迈向天下大同,达至"民胞物与"和"万物与我为一"的至高生命境界的路径和目标。

儒家的道德理想令人赞赏和敬仰,这种理想构成了中华民族的深层意识和核心精神特质,凸显了人性的崇高与伟大,证明了人性的尊严和高贵,同时也为我们描述了一种人性可以达到的高度。

三、智慧与幸福:道德与人性的契合

人是自然进化的产物,人与其他动物之间具有千丝万缕的联系和不同程度的相似性。以动物性涵盖人性的霍布斯式的观点固不可取,但拒绝人的动物本性的道德洁癖则又走向了另一个极端。

人的生成既有本能的推动,也有理性的指引,更有文化的塑造。既要对人的动物性本能尤其是其中的破坏性因素有清醒的认识和足够的警醒,也要对人性中的社会属性、道德属性给予足够的信任。道德毕竟是人性的产物,道德与人性具有高度的契合性。正如前文所述,道德是人在长期的社会历史实践中积淀和传承的生活智慧,是人为了美好生活而主动选择的生活方式。同时,道德也是人性自我确证的方式,道德证明了人的理性和意志,使人在各种各样的动物性的欲望和冲动面前保有一份自由,也确证了人之为人的尊严。

对道德究竟做何种层面的理解,反映了对人性善恶的认知与态度。戒惧与规训更多是出于把人性归于人的自然属性,故而充满了对人性的不信任和提防;而西方宗教式的外在超越和儒家文化的内在超越则更多看到了人性中的神性,即人天然具有的道德属性,导致过于拔高人性,失却了道德本身应当具备的"自然人"的人之常情。而当道德被理解为生存和生活的智慧,理解为幸福的要件时,道德与人性的关联、道德与生活的关联才是本真的,道德也才具有了其应该具有的温暖。

第四节
思想品德的本质言说

思想品德概念是我国独有的概念,这一概念大致出现在新中国成立之后,尤其是在改革开放之后这一概念的使用更为频繁。如果说新中国成立初期思想品德概念还保留战争年代对政治教育的偏爱,那么到改革开放后,这种过于突出政治色彩的思想品

德概念慢慢让位于综合了政治、思想和道德教育内容在内的思想品德概念。而这种思想品德概念与中国传统文化尤其是先秦时代关于"德"的理解保持了一致性，即都是基于对家国、天下的责任与义务而产生的思想要求和道德要求。

一、思想品德概念的由来

思想品德概念的提出与德育外延的扩展直接相关。中国向来有把思想与道德相关联的传统，即从来不把道德问题仅仅看作伦理道德方面的问题，而是习惯于在更大的范围内讨论道德问题。

1978 年教育部颁发的《全日制十年制中小学教学计划试行草案》规定，在小学四、五年级开设政治课。1981 年教育部颁发的《全日制五年制小学教学计划（修订草案）》把政治课改为思想品德课，要求紧密结合学生的思想实际，进行生动活泼的、初步的共产主义思想品德教育和形势教育。

1986 年颁布的《义务教育全日制小学、初级中学教学计划（初稿）》规定，小学统一开设思想品德课，主要内容是要进行以爱祖国、爱人民、爱劳动、爱科学、爱社会主义为中心的社会公德教育和社会常识教育，从小培育良好的思想品德和行为习惯。

这种对道德的理解基本上涵盖了个体作为社会成员所应该具备的价值观念和相应的行为要求，上至国家政治生活、社会生活，下至日常生活、伦理纲常，囊括了个体与自我、他人、群体和社会的几乎所有的关系，与中国传统文化对道德的理解基本一致，也大致确定了我国关于思想品德概念理解和使用的走向。

二、思想品德的核心要旨——基于对《义务教育道德与法治课程标准（2022 年版）》的解读

思想品德概念虽然反映了中国传统文化的旨趣，但也给小学思想品德教育带来了困扰，以至于一些学者并不认同这个有点"杂乱"的概念。这些学者往往还是固守与国外同行相一致的观点，即把道德问题与政治、思想问题分清楚，把德育限定在伦理道德教育的范畴之内。这种狭义的德育概念用法固然有其合理性，但也夸大了政治、思想、道德教育之间的差异性。

理论和实践领域的相关困扰可能源于对思想品德概念的内涵与外延的理解和把握尚未达到一定深度，没有深入理解和剖析人的政治、思想、道德等方面品质的内在关联。本节以《义务教育道德与法治课程标准（2022 年版）》中的关于核心素养和德育总目标的表述作为主要文本进行分析，以期发现政治、思想、道德等诸多主题或内容之间

的内在关联与底层逻辑。《义务教育道德与法治课程标准(2022 年版)》课程目标的核心素养内涵和总目标表述如下。

(一)核心素养内涵

核心素养是课程育人价值的集中体现,是学生通过课程学习逐步形成的正确价值观、必备品格和关键能力。道德与法治课程要培养的核心素养,主要包括政治认同、道德修养、法治观念、健全人格、责任意识。政治认同是社会主义建设者和接班人必须具备的思想前提,道德修养是立身成人之本,法治观念是行为的指引,健全人格是身心健康的体现,责任意识是担当民族复兴大任时代新人的内在要求。

1. 政治认同

政治认同是指具备热爱伟大祖国、中华民族、中华文化、中国共产党、中国特色社会主义的情感,以及为中华民族伟大复兴而奋斗的志向,能够自觉践行和弘扬社会主义核心价值观。政治认同主要表现为:

(1)政治方向。明确中国共产党的核心领导地位,充分认识中国共产党领导是中国特色社会主义最本质的特征,是中国特色社会主义制度的最大优势。拥护中国共产党,坚持中国特色社会主义道路,了解习近平新时代中国特色社会主义思想是当代中国马克思主义、二十一世纪马克思主义,是中华文化和中国精神的时代精华。

(2)价值取向。践行和弘扬社会主义核心价值观,坚定共产主义远大理想和中国特色社会主义共同理想,增进中华民族价值认同和文化自信。

(3)家国情怀。对家庭有深厚的情感,热爱家乡,热爱伟大祖国,热爱中华民族,自觉铸牢中华民族共同体意识,有以实现中华民族伟大复兴为己任的使命感。

培育学生的政治认同,有助于他们形成正确的世界观、人生观、价值观,坚定正确的政治方向,初步树立共产主义远大理想和中国特色社会主义共同理想,成为德智体美劳全面发展的社会主义建设者和接班人。

2. 道德修养

道德修养是指养成良好的道德品质和行为习惯,把道德规范内化于心、外化于行。道德修养主要表现为:

(1)个人品德。践行以爱国奉献、明礼遵规、勤劳善良、宽厚正直、自强自律为主要内容的道德要求,在日常生活中养成诚实守信、团结友爱、热爱劳动等个人美德和优良品行。

(2)家庭美德。践行以尊老爱幼、男女平等、勤劳节俭、邻里互助为主要内容的道德要求，做家庭的好成员。

(3)社会公德。践行以文明礼貌、相互尊重、助人为乐、爱护公物、保护环境、遵纪守法为主要内容的道德要求，做社会的好公民。

(4)职业道德。树立劳动不分贵贱的观念，理解以爱岗敬业、诚实守信、办事公道、热情服务、奉献社会为主要内容的职业道德，做未来的好建设者。

培育学生的道德修养，有助于他们经历从感性体验到理性认知的过程，传承中华民族传统美德，弘扬民族精神和时代精神，维护国家利益和安全，增强民族气节，明大德、守公德、严私德，形成健全的道德认知和道德情感，发展良好的道德行为。

3. 法治观念

法治观念是指树立宪法法律至上、法律面前人人平等、权利义务相统一的理念，使尊法学法守法用法成为人们的共同追求和自觉行为。法治观念主要表现为：

(1)宪法法律至上。理解宪法在法律体系中具有最高的权威，任何个人和组织都必须遵守宪法和法律，尊崇宪法和法律。

(2)法律面前人人平等。了解公民的合法权益一律平等地受到法律保护，对任何人的违法犯罪行为都依法予以追究，不允许任何人有超越法律的特权。

(3)权利义务相统一。理解每个公民都享有宪法和法律赋予的权利，同时也必须履行宪法和法律规定的义务。

(4)守法用法意识和行为。了解以民法典为代表的、与日常生活以及未成年人保护密切相关的法律法规，树立法治意识，养成守法用法的思维方式和行为习惯。

(5)生命安全意识和自我保护能力。了解和识别可能危害自身安全的行为，具备自我保护意识，掌握基本的自我保护方法，预防和远离伤害。

培育学生的法治观念，有助于他们形成法治信仰和维护公平正义的意识，做社会主义法治的忠实崇尚者、自觉遵守者、坚定捍卫者。

4. 健全人格

健全人格是指具备正确的自我认知、积极的思想品质和健康的生活态度。健全人格主要表现为：

(1)自尊自信。正确认识自己，珍爱生命，能够自我调节和管理情绪，具备乐观开朗、坚韧弘毅、自立自强的健康心理素质。

(2)理性平和。开放包容，理性表达意见，树立正确的合作与竞争观念，能够换位思考，学会处理与家庭、他人、集体和社会的关系。

(3)积极向上。有效学习，能够主动适应社会环境，确立符合国家需要和自身实际的健康生活目标，热爱生活，积极进取，具有适应变化、不怕挫折、坚韧不拔的意志品质。

(4)友爱互助。真诚、友善，拥有同理心，相互支持，相互帮助，具有互助精神。

培育学生的健全人格，有助于他们正确认识自我、学会学习、学会生活、学会合作，养成积极的心理品质，提高适应社会、应对挫折的能力。

5.责任意识

责任意识是指具备承担责任的认知、态度和情感，并能转化为实际行动。责任意识主要表现为：

(1)主人翁意识。对自己负责，关心集体，关心社会，关心国家，维护祖国统一和国家安全，具备国家利益高于一切的观念。

(2)担当精神。具有为人民服务的奉献精神，积极参与志愿者活动、社区服务活动，热爱自然，践行绿色生活方式。

(3)有序参与。具有民主与法治意识，守规矩，重程序，能够依规依法参与公共事务，根据规则参与校园生活的民主实践。

培育学生的责任意识，有助于他们提升对自己、家庭、集体、社会、国家和人类的责任感，增强担当精神和参与能力。[①]

(二)总目标

(1)学生能够初步了解中国的基本国情、中华优秀传统文化的主要代表性成果，了解中国共产党的历史和革命传统、改革开放和中国特色社会主义的伟大成就，汲取党史、新中国史、改革开放史、社会主义发展史所蕴含的精神力量，热爱伟大祖国、中华民族、中华文化、中国共产党和中国特色社会主义，为自己是中国人而自豪；具有维护民族团结的意识，能够把个人发展和国家命运联系起来，维护国家利益和安全；能够理解社会主义核心价值观的内涵及其重要意义，并在社会生活中自觉践行；能够以实现中华民族伟大复兴为己任，增强做中国人的志气、骨气、底气，不负时代，不负韶华，不负党和人民的殷切期望；关心时事，热爱和平，初步具有国际视野和人类命运共同体意识。

(2)学生能够了解个人生活和公共生活中基本的道德要求和行为规范，能够在

---

① 中华人民共和国教育部制定：《义务教育道德与法治课程标准(2022年版)》，5～8页，北京，北京师范大学出版社，2022。

日常生活中践行诚实守信、团结友爱、尊老爱幼等基本的道德要求；形成初步的道德认知和判断，能够明辨是非善恶；通过体验、认知和践行，养成良好的道德品质。

（3）学生能够具有基本的规则意识和安全意识，理解宪法的意义，知道与学生生活密切相关的法律，能够初步认识到法律对个人生活、社会秩序和国家发展的规范和保障作用；形成宪法法律至上、法律面前人人平等观念和权利义务相统一观念；遵守规则和法律规范，提高自我防范意识，掌握基本的自我保护方法，预防意外伤害，养成自觉守法、遇事找法、解决问题靠法的思维习惯和行为方式，初步具备依法参与社会生活的能力。

（4）学生能够正确认识生命的意义和价值，珍爱生命，热爱生活；初步具有自尊自强、坚韧乐观的心理素质和道德品质；具有理性平和的心态，能够建立良好的同伴关系、师生关系和家庭关系，树立正确的合作与竞争观念，具有团队意识和互助精神；具备积极向上、锐意进取的人生态度，能够适应变化，不怕挫折。

（5）学生能够关心集体、社会和国家，具有主人翁意识、责任感和集体主义精神，主动承担对自己、家庭、学校和社会的责任，自觉维护祖国统一和国家安全；能够主动参与志愿者活动、社区服务活动，具有为人民服务的奉献精神，勇于担当；能够遵守社会规则和社会公德，依法依规有序参与公共事务，具有公共意识和公共精神；敬畏自然，保护环境，形成人与自然生命共同体的意识。①

核心素养包括政治认同、道德修养、法治观念、健全人格、责任意识五个方面，德育总目标是对核心素养的具体化。以核心素养为基本诉求的当代德育目标的底层逻辑是什么？如何统整核心素养和德育目标内容的方方面面？如何建立德育目标和个体之间的密切关联？

核心素养的要求概括起来就是，理解、认同和维护人与自我、与他人、与社会、与国家、与自然的和谐关系。政治认同、道德修养、法治观念、健全人格、责任意识看起来有些散乱，但贯穿其中的却只有一条主线，那就是特定的价值秩序。这种价值秩序就是个体与自我、他人、社会、国家乃至自然的和谐关系。

政治认同的核心是对民族、国家的价值认同。道德修养是对他人价值、对自我与他人和谐关系价值的认同与维护。法治观念是对法律这种人与人之间的利益界限和调节规范的理解与认同，其本质是对他人利益的尊重和保护，也是对自己利益的保护。健全人格涉及人与自身的关系，是对自我价值、尊严、潜能的理解、认同和发展。责

---

① 中华人民共和国教育部制定：《义务教育道德与法治课程标准（2022 年版）》，8～10 页，北京，北京师范大学出版社，2022。

任意识指的是个人要勇于承担维护这些价值的责任，包括勇于担当的意识和敢于担当的勇气。

因此，《义务教育道德与法治课程标准（2022年版）》中关于思想品德的规定性要求，内在地包含了一个基础性的价值秩序，那就是自我价值、他人价值、社会价值、国家价值以及天下价值。个体对这些价值的认同与维护就是思想品德要求的核心内容。从这个意义上说，思想品德的本质就是个体的价值体系。

三、理想价值秩序的自然人性基础

代表理想价值秩序的德育目标与个体的先天本性之间的连接点在哪里呢？换言之，思想品德成长的人性起点（不是逻辑起点）在哪里？思想品德成长的基本线索和内在逻辑又在何处呢？

当代社会个体与群体的割裂甚至撕裂日益明显，这在欧美发达的资本主义国家中的表现尤其典型。但从人类进化的意义上讲，个体与群体的关系远没有今天如此这般紧张，不仅不是如此紧张，反而是水乳交融、难分彼此的。在人类的原初时代，个体不可能离开群体，个体的日常生活乃至生命、个体的繁衍、个体的幸福都与其所在的群体密切相关，群体的目标及其所代表的利益与个体的目标和利益具有高度的一致性。个体的自我保存、自我发展的内在本性与群体的生存、和谐发展的需要高度一致。

只是随着社会生产力的发展，随着人类群体的分化，个体与个体之间、个体与群体之间的利益冲突日渐凸显，人也变得越来越"独"，才不得不用法律、道德等手段来规范和调节日益复杂的利益关系。

尽管人类科技日新月异，相关文明成果日积月累，但人的深层本性并未有大的改变，人的自爱、自保依然是最常见、最基本的内在倾向，趋利避害依然是人的本能。这是人性的基点，也是道德成长的起点，离开这个起点，道德成长是不可能的。因而，道德成长的关键在于如何在人的这种自爱、自保本性与德育目标之间建立联结。

建立这一联结的关键不在于改变人的这种本性，而在于以这一本性为基础去确立德育目标或者在德育目标中承认、确认这一本性的价值，并以这一本性为基础发展乃至统整诸多德育目标。

在这个意义上，儒家从伦理亲情等自然情感出发，从家至国最后达至天下的情感逻辑有其合理性和必然性。个体在自爱、自保本性的基础上，不断扩展或外推，把更大范围的他人纳入情感关联的范围，就可以逐步建立起理想的价值秩序。从自爱到爱家人、爱他人、爱群体、爱社会、爱国家以至于爱天下，个体逐渐建立起以自我为中心的、逐渐扩展的价值体系。这样的扩展才是符合人性的，也才是可行的。

同时，这一价值体系也因为个体年龄的增长、社会经验的丰富，从生物意义上的感官价值、生存和繁衍价值逐渐扩展与提升到包括道德价值、审美价值等在内的社会价值和精神价值，人的价值世界逐渐精神化、理想化。

与此价值体系不断扩展相伴随的还有责任担当。儒家的家国情怀不仅是书房中的美妙幻象，而且是"天行健，君子以自强不息"的实践担当；儒家精神不仅承认家国的正当价值，而且孜孜以求实现这些价值。这些担当即德育目标中的法治精神、责任意识、担当精神。

这种价值体系扩展还可以从以下方面得以澄清和理解。

价值认同范围的扩展，即从自我价值到他人、群体等社会关系价值，进而到家国、自然和人类共同体价值。此外还有价值认同深度的扩展，即从生物需要满足产生的生物价值，到社会性需要满足产生的自尊、归属、爱等社会性价值，进而达到真、善、美等精神性价值。

一方面是因为个体身份变换而导致的价值扩展，即从自然人向社会人的转变带来的价值扩展，从仅仅属于自然人的价值认同扩展到因为担当特定的社会角色而导致的价值认同，如从自我价值认同到家庭成员、社会成员价值认同，再到职业角色导致的职业价值认同，再到因境界提升带来的人类共同价值认同；另一方面是因为视角或视野变换导致的价值扩展，即从旁观者到参与者、维系者的变换，把他人、群体乃至世界的价值看作自己的价值。

因此，《义务教育道德与法治课程标准（2022 年版）》中所呈现的德育目标以人的自然本性为道德成长的起点，以由己及人、由内而外的价值扩展和责任担当作为道德成长线索。这既符合人类自然本性，也契合人类的超越精神；既能获得个体的认可，也能获得社会的支持；既有远大的理想追求，又具有很强的可操作性。

本章小结

从词源学、发生学考察道德，并把道德与法律进行比较，可知道德是一种约束和规范，是一种人特有的生活方式，是一种人性自我确证的方式。道德在人性中有先天的基础，并且能够约束与引导人性。

思想品德概念是我国独有的概念，思想品德概念的提出与德育外延的扩展直接相关。中国向来有把思想与道德相关联的传统。《义务教育道德与法治课程标准（2022 年版）》中关于思想品德的规定性要求，内在地包含了一个基础性的价值秩序，那就是自我价值、他人价值、社会价值、国家价值以及天下价值。个体对这些价值的认同与维护就是思想品德要求的核心内容。

章后练习

一、名词解释

1. 道德。

2. 思想品德。

3. 价值秩序。

二、简答题

1. 简述道德的三种意蕴。

2. 简述道德的人性基础。

3. 简述道德的价值。

4. 结合《义务教育道德与法治课程标准(2022 年版)》，简述理想价值秩序是如何构建的。

延伸阅读

［德］康德：《纯粹理性批判》，邓晓芒译，北京，人民出版社，2004。

《马克思恩格斯选集》第 3 卷，北京，人民出版社，1995。

甘剑梅：《德育现代性的哲学论辩——兼论中国德育的现代性问题》，博士学位论文，南京师范大学，2004。

邵龙宝：《中西人性观：历史的嬗变与比较》，载《思想战线》，2010(5)。

王登峰、崔红：《心理社会行为的中西方差异："性善—性恶文化"假设》，载《西南大学学报(社会科学版)》，2008(1)。

王云萍：《道德心理学：儒家与基督教之比较分析》，载《道德与文明》，2002(3)。

魏则胜：《实践理性的重建：伦理学基本问题的设问与解答》，载《哲学动态》，2008(8)。

徐向东：《自我、他人与道德——道德哲学导论》，北京，商务印书馆，2007。

张传有：《伦理学引论》，北京，人民出版社，2006。

张灏：《幽暗意识与民主传统》，北京，新星出版社，2006。

周辅成编：《西方伦理学名著选辑》上卷，北京，商务印书馆，1964。

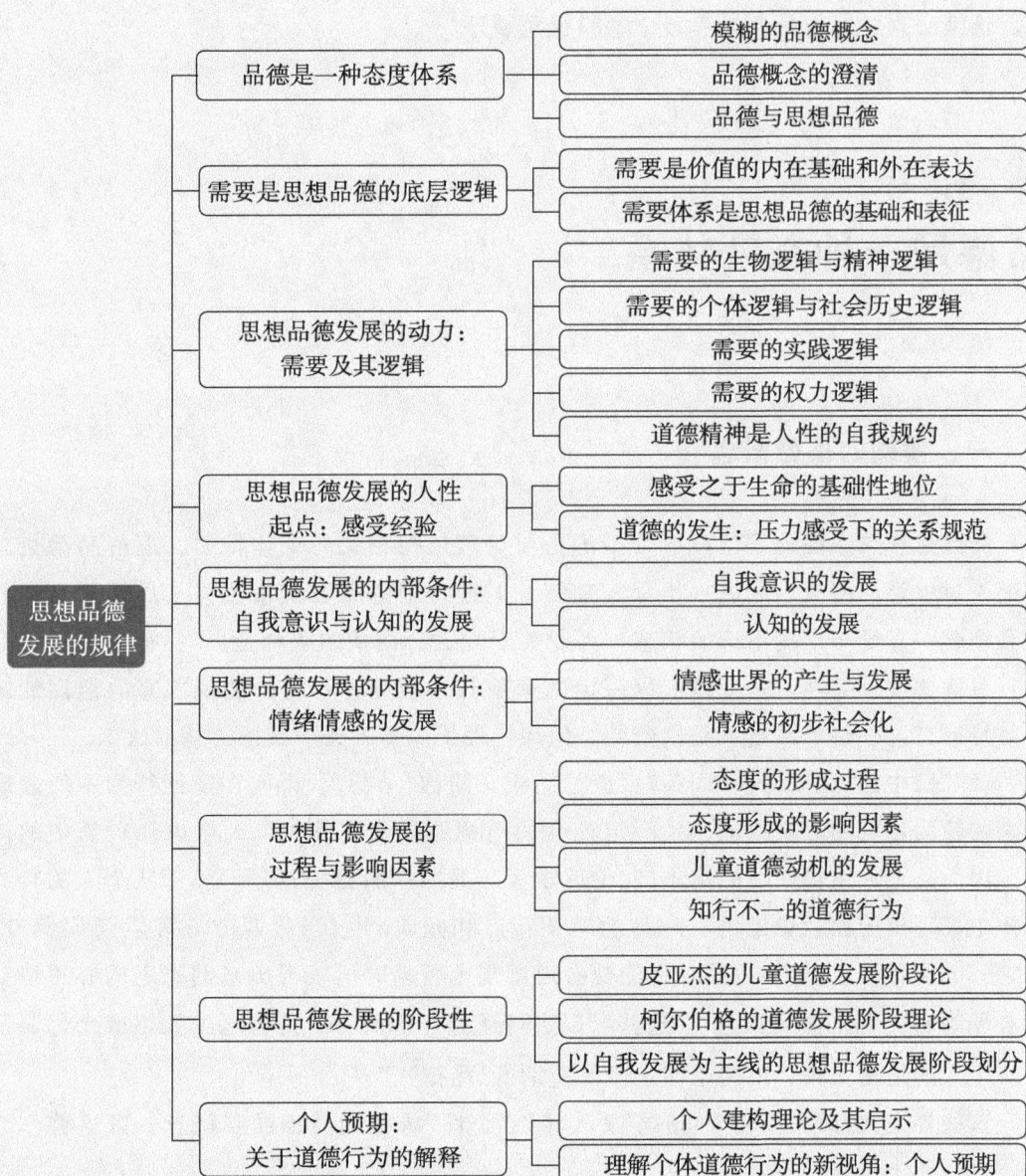

- 思想品德发展的规律
  - 品德是一种态度体系
    - 模糊的品德概念
    - 品德概念的澄清
    - 品德与思想品德
  - 需要是思想品德的底层逻辑
    - 需要是价值的内在基础和外在表达
    - 需要体系是思想品德的基础和表征
  - 思想品德发展的动力：需要及其逻辑
    - 需要的生物逻辑与精神逻辑
    - 需要的个体逻辑与社会历史逻辑
    - 需要的实践逻辑
    - 需要的权力逻辑
    - 道德精神是人性的自我规约
  - 思想品德发展的人性起点：感受经验
    - 感受之于生命的基础性地位
    - 道德的发生：压力感受下的关系规范
  - 思想品德发展的内部条件：自我意识与认知的发展
    - 自我意识的发展
    - 认知的发展
  - 思想品德发展的内部条件：情绪情感的发展
    - 情感世界的产生与发展
    - 情感的初步社会化
  - 思想品德发展的过程与影响因素
    - 态度的形成过程
    - 态度形成的影响因素
    - 儿童道德动机的发展
    - 知行不一的道德行为
  - 思想品德发展的阶段性
    - 皮亚杰的儿童道德发展阶段论
    - 柯尔伯格的道德发展阶段理论
    - 以自我发展为主线的思想品德发展阶段划分
  - 个人预期：关于道德行为的解释
    - 个人建构理论及其启示
    - 理解个体道德行为的新视角：个人预期

章前导语

本章对思想品德的本质以及发展的底层逻辑、动力、人性起点、内部条件、过程及影响因素等诸多方面进行分析和探讨，旨在为理解德育的本质以及德育策略寻求一种确定性。对思想品德发展规律的探讨不能仅仅局限于教育学视角，而应从社会心理学、情绪心理学以及社会学等多个学科视角展开。

第一节
品德是一种态度体系

一、模糊的品德概念

品德是思想品德的下位概念，指的是与伦理道德相关的个体特质。理解品德概念有助于对思想品德概念的进一步深入理解。但德育理论和实践领域关于品德概念的界定和理解一直处于模糊不清的状态。百度关于"品德"词条的解释是："品德，即道德品质，也称德性或品性，是个体依据一定的道德行为准则行动时所表现出来的稳固的倾向与特征。"这一解释虽然不是权威的，但却代表了许多人关于品德的基本认识。

《辞海》中的"道德品质"词条："道德品质，简称'品德'。个人在道德行为中所表现出来的较为稳定的品格特征。是一定社会的道德原则和规范在个人意识和行为中的体现，因而是个人道德面貌的标志。"《伦理学大辞典》对"品德"的解释是："从个人的行为整体中表现出的比较稳定的、一贯的道德特点和倾向。"[1]《当代西方心理学新词典》对"品德"的解释是："个体按照一定的社会道德规范行动时所表现出来的稳定的心理特征或心理倾向。"[2]王海明认为："这些可以进行道德评价而有所谓善恶的人格或个性，便是一个人的道德人格、道德个性，便是所谓的'品德'。"[3]

这些界定大都以"品格""倾向""人格""个性"等作为品德的属概念，以道德作为

---

① 朱贻庭主编：《伦理学大辞典》，43页，上海，上海辞书出版社，2011。

② 车文博主编：《当代西方心理学新词典》，254页，长春，吉林人民出版社，2001。

③ 王海明：《关于品德的几个难题》，载《中国大学教学》，2009(9)。

"种差"，这在逻辑上当然没有问题，只是这些属概念的内涵与外延并不十分清晰，其本身有待进一步澄清，而作为"种差"的道德概念向来众说纷纭。"人类对道德现象研究了 2000 多年 ……但对'道德'的严格科学的逻辑定义，却从未确定下来，或者说始终没有一个统一的普遍认同的逻辑定义。"①道德概念的复杂性源于道德现象的复杂，道德既可以指社会规范，也可以指个人品行；既可以指外在约束，也可以指内在追求；既是社会现象，也是个体现象。用这些模糊的概念定义品德，品德概念的模糊也就无法避免，这导致品德概念严重缺乏可操作性，道德教育（狭义的道德教育，即伦理道德教育）的混乱和迷茫也就在所难免。

二、品德概念的澄清

首先，品德是个体社会关系的产物，是个体对其社会关系价值的感受和回应。

存在方式决定思维方式。人是一种关系性存在，群体性道德现象以及个体性品德现象的发生都与此相关。马克思主义认为："个人怎样表现自己的生活，他们自己就是怎样。因此，他们是什么样的，这同他们的生产是一致的——既和他们生产什么一致，又和他们怎样生产一致。"②人的生理特征决定了人不可能独自面对自然的挑战，人必须和其他个体结成恰当的关系才可能生存。道德就是人类族群基于生存压力而确立的社会关系规范，是人类作为生物族群生存和发展智慧的结晶。对个体而言，遵循、内化这种规范是其生存和发展的基础。遵循、内化这种规范也是品德的发生学源流。个体只有表现出特定的品德才能获得族群的接纳与认可，才能与其他个体建构和维系特定的社会关系，才能融入特定的社会关系并获得生存和发展的基础条件。因此，从发生学的意义上讲，品德是个体基于生活经验、在对其社会关系的价值感受的基础上形成的关于建构和维系特定社会关系的价值理念和策略。

其次，品德是一种态度。

个体社会关系的价值取决于社会关系与个体需要之间的关系，这种价值也决定了个体对社会关系的态度。"态度是由认知、情感、意向三个因素构成的、比较持久的个人的内在结构，它是外界刺激与个体反应之间的中介因素。"③态度是个体建构和维系其社会关系的策略的核心，不同的态度影响着个体的社会关系性质。品德的目的和价值在于建构和维系特定的社会关系，而社会关系的建构与维系又主要取决于态度，因此，态度是品德的核心成分，承担着品德的核心功能。

---

① 宋希仁：《"道德"概念的历史回顾——读黑格尔〈法哲学原理〉随想》，载《玉溪师范学院学报》，2004(4)。
② 《马克思恩格斯选集》第 1 卷，67～68 页，北京，人民出版社，1995。
③ 时蓉华主编：《现代社会心理学》，244 页，上海，华东师范大学出版社，1989。

美国的心理学家艾伯特·梅拉比安关于人际沟通有一个著名的公式，即相互理解＝表情（55％）＋语调（38％）＋语言（7％）。表情、语调之所以在相互理解中扮演着重要角色，归根结底是因为这些因素表达了特定的态度。态度是相互沟通的关键，是建构和维系社会关系的关键要素。从我国传统文化语境看，"天下大同"是儒家的社会理想，实现这一理想的基本路径是提高每个人的德性。"仁者，爱人"，人应该以仁爱之心对待他人；"己欲立而立人，己欲达而达人"，同时，"己所不欲，勿施于人"。儒家提倡的德性归根结底是一种对待他人的态度，通过友善待人的态度，人与人之间的关系不断趋向和谐，天下大同方有实现的可能。

从态度的角度理解和界定品德也与当前关于品德的认识习惯相一致。从品德的构成要素看，品德包括四种心理要素，即知、情、意、行，而态度的基本成分包括认知、情感和意向，二者基本相似。从品德的内容看，"爱祖国、爱人民""尊老爱幼""爱护公共财物""热爱集体""关心他人"等日常品德要求的核心就是一种具有亲社会倾向的态度。

本书就品德的日常使用尝试提出一个描述性定义：品德是个体指向他人和社会关系的态度。此处的他人指本人以外的所有世界，包括家庭成员、玩伴、邻居、同事乃至陌生人等，甚至也应该包括大自然；社会关系则指与这些对象之间的关系，包括亲情关系、同伴关系、邻里关系、同事关系乃至与陌生人的临时关系、想象关系，以及与大自然的关系等。

三、品德与思想品德

品德主要涉及人与他人的关系，是人在与他人的社会关系中表现出来的心理倾向与外部行为的总和。思想品德是品德的上位概念，思想品德除了涉及人与人之间关系的品德之外，还包括个体的思想特质和政治特质。思想特质大致可以理解为个体在世界观、人生观、价值观方面的基本倾向性，主要关涉的是个体对世界、对人生意义的基本理解。政治主要关涉国家权力，个体的政治特质主要关涉个体对国家政治制度、经济制度以及国家治理等方面的理解。

在中国传统文化的语境中，个体与国家、天下之间的关系是密不可分的，"天下兴亡，匹夫有责"是中国人价值体系中的底层信念。伦理道德意义上的人际关系从来都不是完全独立的，个体对待人际关系的理念和法则总是与更为宏观的思想体系、政治理念相关。在这个意义上，思想品德概念可以看作品德概念的扩展，即其关涉的范围不仅仅包括日常生活层面的人际关系，而且扩展到了社会政治制度和经济制度层面，扩展到了人与群体、与社会、与历史文化、与国家民族、与政党的关系上。

第二节
需要是思想品德的底层逻辑

　　思想品德的核心成分是个体对他人、群体、社会、国家乃至自然的态度。态度的性质主要取决于对象的价值，即对象是否以及多大程度上满足个体的需要。对象的价值越大，人们对其的态度也就越积极；反之，人们就越倾向于持拒绝或逃避态度。在这个意义上，需要是态度的基础。

一、需要是价值的内在基础和外在表达

　　关于需要的理解有很多观点："人的需要就是人感受到自身内在的物质或者精神上的缺乏，为了维持生存和发展而对外界事物的摄取欲望和要求"[①]，这种观点用匮乏来解释需要；"人的需要是人的生存发展对于人自己的活动和外部环境与条件的依赖关系的表现"[②]，这种观点用依赖来解释需要。

　　本书认为，需要是人对特定物质和精神生活条件的依赖与追求。一方面，需要反映了人的一种匮乏，即没有某种东西人就无法生存。生命不是自足的，任何生命的生存都必须从外部世界获取物质或能量，对人而言也是如此。另一方面，与其他物种的不同之处在于，人的需要不仅源自人的自然本性，同时也受人的意识和经验积累的影响。人不仅仅是一种生物性存在，也是一种自由的、有意识的存在。人的存在不仅服从于生物性本能的要求，同时也服从于人有意识地自我设定的目标。人的需要不仅是自然本性匮乏的被动呈现，同时也是一种自主选择的求索。人不仅渴望活着，而且渴望活成自己想要的那个样子。从这个意义上说，需要不仅是一种因匮乏而导致的依赖，一种被动的、生物性本能驱动的结果，也是一种因精神性、社会性而产生的主动追求，一种对于外部世界以及自我的改造或创造。

　　需要是人与世界关联的主要途径。世界是无限的，但对于人而言，只有那些与我有关联的世界才能成为"我的世界"。人的世界首先是一个价值世界，而价值世界的根基在于人的需要。只有那些有可能满足需要的对象才会进入人的意识世界，成为人的世界的一部分。人的需要既构成了人的价值世界的根基，也表征着人的价值追求。

---

　　① 王孝哲：《论人的发展及其动力》，载《安徽大学学报（哲学社会科学版）》，2008(1)。
　　② 李德顺：《"价值"与"人的价值"辨析——兼论两种不同的价值思维方式》，载《天津社会科学》，1994(6)。

二、需要体系是思想品德的基础和表征

需要体系构成了人的价值世界的基础，需要的满足是思想品德的原初动力和目的。从发生学的意义上讲，思想品德不是为了道德本身，而是为了人的生存。生命的保存和延续是群体层面的道德现象和个体层面的思想品德现象的原初目的。为道德而道德的道德自觉，如儒家所谓"良知"、康德所谓"纯粹理性"，在一定意义上可以理解为人类对道德自觉的自我设定甚至自我神化，至少在蛮荒时代人类道德开始萌芽的时候并不存在这种道德自觉。当然，人的存在既是生物性的，也是社会性和历史性的，随着人类历史文化的积累和传承，道德本身也逐渐成为一种需要，但不能因此忽略或抹杀道德原初的功利价值即生存需要的满足。

需要是价值感受的基础，而价值感受影响甚至制约着思想品德。需要的满足总与个体的社会关系相关，需要的满足总是在一定的社会关系中实现的，需要的满足会唤起个体对社会关系的积极态度。个体只有在感受到社会关系的价值后，才可能形成对该社会关系的积极态度，才可能去建构和维系这种社会关系，也才可能具备相应的思想品德。在这个意义上，对社会关系价值的感受是思想品德产生的基础。温暖的班级总令人不舍，而冷漠的伙伴总让人拒斥。

因为个体的主导需要或优势需要不同，所处的社会关系不同，满足的状况不同，所以导致个体形成了对其社会关系的不同态度体系，也导致个体对其社会关系的预期不同以及建构其理想社会关系的策略不同。

人的生命境界的差异是由其需要状态决定的，需要状态既是个体精神世界或人格的表征，也是人发展状况的指示器，有什么样的需要就有什么样的人生。思想品德的核心成分是个体对他人、群体、社会、国家乃至自然的态度，这种态度受制于个体的需要，在这个意义上，个体的需要体系是其态度体系的核心，也是其思想品德的基础和表征。

第三节
思想品德发展的动力：需要及其逻辑

思想品德发展的动力问题关注的是，对个体而言，为什么要成为一个好人？做一个好人有什么好处？

思想品德发展的基本动力是个体的生存和发展需要的满足。毫无疑问，在任何情

况下，都不能漠视或轻视人的趋乐避苦的本性。但这种本性以及背后的需要体系可以在个体的社会实践中不断被改变或拓展，逐步发展和确立起社会性需要与精神性需要的主导地位。换言之，依然是趋乐避苦，但此时的苦与乐可能和原来的苦与乐已经有了脱胎换骨的变化。简单地说，思想品德发展的动力是追求特定需要的满足以及因为需要满足而带来的积极的情绪体验。当然人的需要本身不是固定不变的，而是呈现出其特有的逻辑。

逻辑，此处有规律、必然性之意。需要的逻辑即人的需要产生、发展的规律和必然性。需要源自人的天性，但又不全然来自天性。除了生物因素外，人的需要还受到多种因素的影响与制约，呈现出多层次的复杂样态。

一、需要的生物逻辑与精神逻辑

需要的生物逻辑即人需要的自然本性，包括显性的、与其他动物一样的、来自生理本能的需要，如渴欲饮、饥欲食等；也包括隐性的、平时难以觉察或分辨的原始价值偏好，如性别审美等。需要的精神逻辑即人精神需要的产生和发展规律。精神需要简单地说即人的心理和意识活动的需要，是人对生活和生命意义的追求，包括审美、求真、求善等需要，也包括自我探索的需要、心理安顿的超越需要等。马斯洛所谓归属与爱、自尊、自我实现等需要都属于人的精神需要。马克思虽然没有提出过关于精神需要的明确界定，但认为精神需要包括"对科学的向往、对知识的渴望、他们的道德力量和他们对自己发展的不倦的要求"[①]。

人的生物性需要遵循一种固化了的逻辑，呈现出"满足即消退"的模式，同时也表现出相似性、稳定性、基础性等特征；而人的精神需要则遵循一种开放性、超越性逻辑。人对精神需要的追求没有止境，且不同的个体在不同的生活境遇、不同的历史文化条件下，其精神需要呈现出巨大的差异。

二、需要的个体逻辑与社会历史逻辑

需要的个体逻辑即需要的个别性、差异性。每个个体由于遗传条件和生存背景不同、生活方式各异，因此其需要体系具有显著的差异。受个体主体性发展水平的影响，不同时代的个体对自身需要的认识并不相同。现代社会条件下的个体由于主体性的觉

① 《马克思恩格斯全集》第2卷，107页，北京，人民出版社，1957。

醒，其需要体系越来越呈现差异化、独特化的趋势，越来越多的个体追求个性化需要的满足。

需要的社会历史逻辑即需要的群体逻辑和历史文化逻辑。需要的群体逻辑指的是特定群体有其独特的需要体系，生活于该群体的个体具有大体相似或相近的需要。需要的历史文化逻辑指的是历史文化传统对需要的影响与制约。人的需要体系中既有基于现实社会发展条件而产生与发展的需要，如信息时代对手机的需要，也有基于历史文化传承而来的需要，如儒家文化下的家国情怀、西方文化下的宗教信仰等。

三、需要的实践逻辑

人的需要除了生物性本能的影响之外，现实生活条件、历史文化传承、社会制度等多种因素都影响和制约着人的需要。马克思主义认为，实践是人类社会和人性的最终决定力量。需要的历史文化逻辑、群体逻辑、精神逻辑乃至生物逻辑都受制于人的实践，人的实践是人需要体系的最终制约因素。在这个意义上，实践逻辑是人需要的基础逻辑。

需要的实践逻辑指的是需要与实践的双向关系，即需要既是实践的动力和目的，其本身又被实践形塑。人的生命活动是由需要驱动的，在个体的生命历程中，需要始终扮演着动力和引路者的角色。无论是生物性的先天本能需要，还是后天的精神文化需要，都指引着人的生命活动，代表着人对其生存和发展的定向与追求，引导着人实践的内容与方向。

人的实践也固化和拓展了人的需要。当某种需要通过实践被满足尤其是多次被满足时，则该需要就可能被固化，即该需要被认为是合理的或必须被满足的；而当某种需要不能被满足或即使满足了但其要求的条件过于苛刻时，则该需要可能被抑制。实践在满足需要的同时，也拓展了人的经验和能力，而这又促使新的需要产生。"已经得到满足的第一个需要本身、满足需要的活动和已经获得的为满足需要而用的工具又引起新的需要。"[1]

正是在这种需要与实践的双向互动中，以需要为表征的人的内在精神世界不断成长，不断引导人类达至更高的发展状态。与此同时，实践也限制或规约着人的需要，那些不符合人类科技发展、不符合历史发展潮流、不符合传统文化规范的需要不断被限制甚至被淘汰。

---

[1] 《马克思恩格斯选集》第 1 卷，79 页，北京，人民出版社，1995。

四、需要的权力逻辑

权力可以理解为在一定的社会关系中贯彻自己自由意志的能力或按照自己的意志行动的能力和限度。需要的权力逻辑从严格意义上讲属于社会历史逻辑的范畴，只是由于该逻辑的特殊性，故单独讨论。

需要的权力逻辑指的是，在特定的社会关系中，某人或某群体的需要被满足的种类和程度，这与其在该社会关系中的权力相关。换言之，某人或某群体的权力越大，其需要被满足的可能性就越大、被满足的需要就越多，相应地，其需要体系被拓展的空间就越大。

家庭中孩子越被宠爱，其通过与其他成员博弈获得的权力就越大，也就越任性，其需要被满足的可能性就越大，其被满足的需要的种类就越多。欧美发达国家，因为其在世界享有较大的权力，其需要的满足因而具有优先性，西方中心主义也因此而来。就人类而言，因为相对于其他物种的较大权力，人类在自然面前予取予求，人类的需要无限膨胀，对自然造成了伤害。

五、道德精神是人性的自我规约

需要的精神逻辑、历史文化逻辑不仅仅是需要的性质和内容的发展逻辑，也是需要的限制逻辑。人的精神发展以及相应的历史文化传承，不仅显现着人的实践成果，彰显着人的科技能力和不断拓展的需要界限，同时也表征着人的自我反思和自我规约，昭示着人对于人类未来发展和美好人性的认识与承诺。

"人以其需要的无限性和广泛性区别于其他一切动物"①，这种无限性和广泛性的需要一方面确证了人的自由本质，另一方面也把人置于放纵甚至危险的境地。人不断扩大自己的需要范围，不断地把更多的对象纳入自己的需要视野。正如马克思所说："以前表现为奢侈的东西，现在成为必要的了。"②这些日渐扩大的需要一方面使得人类陶醉于物质的丰裕和对世界的掌控，另一方面也不断危及人类的内部关系以及人类与自然的关系。在这个意义上，野蛮即人的自我放纵，即人的需要尤其是生物性需要失去了人性的自我约束，失去了历史和文化的反思，无限制地不断扩展，侵害了他人、

① 《马克思恩格斯全集》第 49 卷，130 页，北京，人民出版社，1982。
② 《马克思恩格斯全集》第 46 卷下册，19 页，北京，人民出版社，1980。

群体乃至大自然的合法权利。

文明是人性的一种自我引领和自我超越，即人类生物性需要的自我克制，以及相应的社会性、精神性需要的不断拓展。文明的核心精神就是道德精神。弗洛伊德认为："'文明'这个词是指所有使我们的生活不同于我们的动物祖先的生活的成就和规则的总和，它们具有两个目的，即保护人类抵御自然和调节人际关系。"①文明是人类生命的对象化，即自我意识产生后，生命脱离了本能的钳制，以人类对自身发展的理想设定不断引领自身发展的过程。无论是基督教文化的上帝还是东方文化的天人合一，其本质都是希望借助某种超越性的力量规约人性自身，尤其是规约人类的生物性需要。人距离自己的动物本性越远，人就越道德，人类就越文明。

第四节
思想品德发展的人性起点：感受经验

一、感受之于生命的基础性地位

何谓感受？简单地说，感受就是体验，是生命体基于自身需要对信息的觉察和判断，是生命体对信息价值的评估，感受的价值在于为生命体对环境的反应提供决策依据。相关研究发现，生命体的神经系统具有自组织性或自我维持功能，即"一个生命体在生命受到威胁时表现出一种保持自身生存的愿望，在这一愿望（一种神经活动）下可以产生各种生理、心理反应"②。感受就是诸多反应中的基础性反应。

"关于生命本质的最根本的现象学直觉是：生命是一个自我维持的系统；当我们以'自我维持'（self-preserving）这个概念来捕捉生命的本质时，这就意味着必须从价值、目的和规范的角度来理解生命"，"心智就是生物体维持和调节其自体平衡的方式"。③生命的维系无疑是生命体的最基本的本能、功能和目的，而生命维系的过程首先是一个自我调节以适应环境的过程。任何生命的存在都需要与外部世界建立和维持特定的关系，都需要对外部世界给予恰当的应答。而应答的前提是对各种环境状况的感受，

---

① ［奥］西格蒙德·弗洛伊德：《文明及其缺憾》，傅雅芳、郝冬瑾译，31页，合肥，安徽文艺出版社，1987。
② 宁春晖：《神经系统的系统学研究》，硕士学位论文，太原科技大学，2013。
③ 李恒威：《从心智到文化：达马西奥的生命哲学》，载《西北师大学报（社会科学版）》，2020(5)。

感受是生命体觉察环境和自身状况的基本方式，是生命体通达外部世界的通道。思维不能直接通达外部世界，西方哲学主客二分的传统执拗于理性，忽视和漠视人的感受，必然导致"内在主体何以认识与它完全隔绝的客体"的难题。

感受是价值的源泉。"有意识的感受就是生存品质的指示器，它忠实地表达和诉说着生物价值。"[①]感受既是生命体生存的前提和基础，也能为生命体带来意义感。"如果人类没有了可以感受痛苦或愉快的身体状态这一与生俱来的能力，就不会有人世间的苦难或福佑、欲望或慈悲、悲惨或辉煌……感受千百年以来一直被描述为人类灵魂或精神存在的基础。"[②]

在这个意义上，精神分析所谓意识、潜意识或无意识，可以理解为对感受的分类，有些感受属于意识层面，有些则属于潜意识或无意识层面。人不仅仅利用大脑的认知功能对环境进行反映，人的整个身体都参与了这个过程。近年来心理学领域在"具身认知"方面的探讨也暗含了这一倾向，即人除了大脑皮层主导的理性层面的加工以外，还有其他身体部位参与的感受共同构成了人的认知。

二、道德的发生：压力感受下的关系规范

马克思主义认为，人始终是现实的、感性的人，是从事感性活动的人。人既有社会性，也有历史性。存在方式决定思维方式，人所独有的存在方式是理解人性及道德的钥匙。

同所有的生命体一样，人需要应对环境，应对的前提是对环境的感知和判断，这种感知和判断就是感受。对原始人类而言，面对严酷的生存环境，首要的任务是生存。人的生理特征决定了人不可能独自面对自然的挑战，人必须和其他个体结成恰当的关系才可能生存，正确认识他人、群体、合作关系的价值是人的生存基础。道德就是基于这种对合作关系的要求而出现的社会历史现象，是人类族群基于生存压力感受而确立的关于人我关系的规范。

因此，道德的发生学缘起就在于如何建立、维系恰当的关系以应对生存的挑战。道德产生于人类社会的生存经验史，是人类作为生物族群的生存本能积淀的产物，是人类作为生物族群生存和发展智慧的结晶，也是人类感受的公共化、统一化。社会关系的建立和维系一方面构成了人类族群生存的前提和基础，另一方面也成为人类族群价值感受的最初和主要来源。对个体而言，在自我克制的基础上与他人结成恰当的关系，是作为一个合格社会成员的"本分"。作为关系规范的道德在个体身上的体现就是

---

①　李恒威：《从心智到文化：达马西奥的生命哲学》，载《西北师大学报(社会科学版)》，2020(5)。

②　转引自李恒威：《从心智到文化：达马西奥的生命哲学》，载《西北师大学报(社会科学版)》，2020(5)。

所谓道德品质，个体对他人、对社会的态度构成了其道德品质的核心。个体一方面通过与群体的密切关系应对环境，另一方面也从这种密切关系中获得意义感。

不同时代和文化下的道德样态所蕴含的规范性要求并不相同，但透过这些纷繁复杂的道德样态，道德的核心要素依然未变，那就是价值感受基础上的指向他人和社会的态度。

古代人类社会因为缺乏经验，严酷与神秘的自然环境构成了人类生存的最大挑战。对个体而言，对自然的恐惧无限放大了群体与合作关系的价值，促生了个体对群体与合作关系价值的强烈感受，也奠定了群体与合作关系价值的优先地位。在这种历史背景下，个体的自我价值是被边缘化的，其社会关系是一种"无我"的关系。人类最初的价值世界是一种"无我"的价值世界。

对古希腊人而言，因为城邦制的存在，城邦内成员之间的和谐关系是最大的价值，苏格拉底、柏拉图、亚里士多德等希腊先贤所谓"德性"更多是凸显了群体的关系规范对个体的要求。这种要求的约束力源于以城邦名义存在的群体价值、合作关系价值。与此类似，中国传统农业社会对自然的敬畏，以及对他人与合作的依赖，促生了中国人保守、忠诚的品质。道德约束的力量一方面源于农业生产对个体参与群体合作的要求，另一方面源于具有泛神论色彩的、神秘的天人合一思想。西方漫长的中世纪延续了古代社会因为生产力不发达而产生的对自然的敬畏和恐惧，把自然神秘化为具有人格的神。个体对神圣价值的依归背后依然是人对生存压力的恐惧感受，以及在此基础上产生的对神圣价值所代表的群体价值的尊崇。

把道德的发生仅仅理解为一种生存压力下的关系规范，可能会伤害人类的自尊。毕竟无论是东方的儒家还是西方的基督教文化都习惯于把人的道德秉性当作人的深层本性，并且把这种道德秉性与终极存在相关联。这种把道德秉性与终极存在相关联的思想深刻地印刻在人类的内心深处，使人类形成了对人性的"理想化"和"神化"的刻板印象，满足了人类的自我中心倾向或者自尊倾向。人相对于其他生物的优越地位进一步放大了人类的自尊，也放大了人与其他动物之间的差异，使得人越来越忽视自己身上的世俗性、非理性，越来越拒绝从感性方面去考察道德等诸多社会现象的起源或发生。道德从其发生的那一刻起，就离不开人的感受，这种感受是理性与非理性的奇妙混合，单纯以理性为起点的思考，注定不能通达对道德的完全理解。

原始恶劣环境下个体生存境遇的险恶使得个体与他人、与群体的密切关系成为个体价值感的原初来源，也塑造了人的价值感受偏好，即对与他人、群体建立和维系亲密关系的偏好。从古至今，以亲情、友情、爱情为主题的文艺作品始终能够打动人心，就是这种偏好的直观反映。

第五节
思想品德发展的内部条件：自我意识与认知的发展

思想品德的发展不是无条件的。思想品德发展的内部条件包括基本的心智发展水平，即自我意识、认知以及情绪情感的发展；外部条件包括基础性需要，即生理、安全需要的满足，源于被关心、温暖和接纳的社会性需要和精神性需要的扩展，以及不可或缺的、借助于外在权威力量对生物性需要的约束与克制。

一、自我意识的发展

思想品德的核心是人我关系。自我意识以及社会关系的发展是思想品德发展的基础。

(一)自我概念①

自我概念的发展体现在对自己各方面特点的认识能力上，如对心理自我与物理自我的认识。学龄前儿童对自我的描述多以外在特质为主。例如，当你要求一个三四岁大的孩子介绍一下自己时，他多半会以自己的性别、自己的年龄、自己常玩的游戏、自己所拥有的物品以及自己能达成的任务为介绍的重点。在回答"我是谁"这个问题时，小学低年级儿童往往从姓名、年龄、性别、家庭住址、身体特征和活动特征等方面进行描述；而到了小学高年级，儿童则开始试图根据品质、人际关系以及其他内在特征对自己进行描述。但是，即使到了小学高年级，儿童对自己的认识仍带有很大的具体性和绝对性。总的说来，儿童对自我的描述是从比较具体的外部特征向比较抽象的心理特征过渡的。

(二)自我评价②

自我评价是指主体对自己思想、愿望、行为和人格特点等的判断和评价。自我意识是在分析和评价自己的基础上形成的，自我评价能力是自我意识发展的主要成分和主要标志。自我评价的水平可以通过以下几个指标来判定。

---

① 张向葵、刘秀丽主编：《发展心理学》，229页，长春，东北师范大学出版社，2002。
② 张向葵、刘秀丽主编：《发展心理学》，230页，长春，东北师范大学出版社，2002。

第一，评价的独立性。儿童时期进行自我评价是以成人对他们的评价为依据的，具有较大的依赖性。后逐渐发展出独立性。

第二，评价的概括性。儿童时期自我评价主要集中于外部行为，表现为注重行为结果，不能从内部动机来评价且评价具有直观、具体的性质。后逐渐发展出概括性。

第三，评价的广泛性。随着年龄的增长，儿童自我评价的内容更加广泛，并逐步按照由外到内的方向发展。

第四，评价的稳定性。儿童的自我评价时常因外部情境和事件而改变，缺乏稳定性。随着年龄的增长和自我意识的成熟，小学高年级儿童的自我评价已经比较稳定。

大量的研究表明，儿童进入小学后自我评价能力得到进一步发展。第一，从顺从别人的评价发展到有一定独立见解的评价，自我评价的独立性随年级而增高；第二，从比较笼统的评价到对自己各方面的特点进行比较具体的评价；第三，开始出现对内心品质进行评价的倾向；第四，在整个小学阶段，儿童自我评价总的发展趋势是从具体性向抽象性、从外显行为向内部世界过渡；第五，小学生自我评价的稳定性逐渐提高。

二、认知的发展[①]

儿童由于抽象思维能力较差，对一些抽象的概念常常模棱两可，容易混淆一些相似的概念。例如，他们对"勇敢"和"冒险"分辨不清，往往认为别人不敢做的事情自己敢做就是勇敢，因而把爬树、爬墙、从高处跳下等举动当作勇敢的行为。教师应该帮助儿童改变错误观念，学会分辨是非。

(一)道德评价的发展

第一，小学低年级儿童最大的特点是他们容易从行为的结果来评价一个人的行为。随着自身道德知识的丰富和内化，到了中高年级，小学生开始从主观动机来评价别人的道德行为。皮亚杰用间接故事法论证了这一特点。例如，要儿童对"过失"的大小做出判断。故事 A：妈妈喊约翰吃饭，约翰开门到饭厅去，他不知道门后有一个盘子，盘内还放有 15 个杯子，推门时门碰到盘子，结果把 15 个杯子都打碎了。故事 B：一天，亨利的妈妈外出，亨利想从碗柜里偷东西吃，便爬上椅子去拿，因为柜台太高，他探着去摸结果碰倒了旁边的一个杯子，把杯子打碎了。六七岁的儿童认为损坏程度大的行为更坏一些，所以打碎 15 个杯子的约翰比亨利更坏一些，因为亨利只打碎了一个杯子；而 10～12 岁的儿童对这两个孩子的道德行为判断相反，认为打碎一个杯子的

---

① 郭德俊主编：《小学儿童教育心理学》，164～170 页，北京，中央广播电视大学出版社，2002。

亨利的行为要比打碎 15 个杯子的约翰的行为更坏，因为亨利是想偷东西吃，而约翰是无意打碎的。这说明年龄大的儿童是根据行为的动机去判断行为的好坏。皮亚杰认为，9 岁左右的儿童大体处在由效果判断向动机判断的过渡阶段。

第二，儿童道德评价的发展表现在自我评价能力上。儿童在自我道德评价方面往往夸大自己的品质。当教师对他们做出客观的评价时，他们仍会埋怨老师"不了解人"。另外，他们的自我道德评价不稳定，时而高估，时而低估，停留在表面现象。

(二)对他人的认识

儿童对他人的认识从了解他人的外部具体特征向了解他人的一般心理特征发展。例如，7 岁以下的儿童通常用姓名、身体特征及公开的行为等来描述一个人，他们对人的评价也仅仅是用好、坏等词语。从 8 岁开始，儿童描述行为特征、心理品质、信念、态度、价值观的抽象形容词逐渐增加，而且越来越多地抽取出不同时间和场合下的行动规律，推论他人行为的动机。由此可见，在小学时期，儿童开始根据他人的行动来了解其观点，并进行判断。[1]

(三)互惠公平的道德推理[2]

从七八岁开始，儿童开始进入"这样做对我有什么好处"的道德推理阶段。处在这一阶段的儿童认为，每个人都有他自己的利益和观点，与他人交往应该是互惠的。他们崇拜的对象开始由父母转向教师，因为教师能给他们带来更多精神上的利益。因此，不能简单地认为儿童有自我中心的倾向就一定是不道德的，这是儿童必然经过的发展阶段。

随着年龄的增长，小学生的自我独立性增强，不再认为凡事都要由成人来管束自己，形成了"别人怎样对待我，我就怎样对待别人"，以及以德报德、以怨报怨的公平意识，但这种公平意识并不是真正意义上的利他行为，其主要的心理表现形式仍然是利己主义的。心理发展的这种特点使他们认识到，人际关系也是互惠的，"如果自己表现好，老师就会表扬我"。

一般来说中国古代"孔融让梨"的谦让美德可以在四五岁的儿童身上看到，但对小学阶段的儿童来说，他们难以做到谦让，即使这样做了，在他们的内心深处也并不真正理解。表面看来，这似乎表现为小学生的道德发展水平低于学龄前儿童，但实际上这是儿童思维发展的必然现象。在成人生活的世界中有很多不谦让的现象，随着儿童年龄的增长，他们也会对这些现象进行思考。因此，只有使儿童长期处于这种谦让的环境和感受榜样的力量，儿童的道德心理才有可能发生内在的转变。

---

[1]　郭德俊主编：《小学儿童教育心理学》，41 页，北京，中央广播电视大学出版社，2002。

[2]　杨韶刚：《道德教育心理学》，91 页，上海，上海教育出版社，2007。

第六节
思想品德发展的内部条件：情绪情感的发展[①]

一、情感世界的产生与发展

舍勒根据情感感受内容，把情感分为四种类型：感官感受、生命感受、心灵感受、纯粹的宗教形而上学的精神感受。对人类而言，这四种感受可能是同时存在的。不同感受的产生所需要的心理发展水平尤其是社会性发展水平并不相同。情绪心理学的研究认为，按照心理发展水平，情绪大致可以分为两大类，即基本情绪和自我意识情绪。基本情绪来自人的先天遗传，是人类长期进化中积累的生存经验的遗传性保存，与人的生理特点尤其是大脑的解剖生理条件直接相关。人类的基本情绪与高等哺乳动物的基本情绪具有一定的相似性。

自我意识情绪是人类特有的情绪类型，这种情绪的出现主要与人的社会性发展有关，是在人自我意识萌芽后才逐渐出现的，是理性发展基础之上的情绪。与基本情绪相比，自我意识情绪代表了人较高的心理发展水平和较高的社会性发展水平。

(一)基本的生命情感——基本情绪

人天生就具有情绪。伊扎德运用录像技术、两套面部肌肉运动和表情模式测查系统，将新生儿的面部表情进行了全面、详细的录像，并进行了精细、深入的分析，发现人类婴儿在其出生时就展示出了各种不同的面部表情和情绪，包括惊奇、痛苦、厌恶、微笑和兴趣。伊扎德认为，这5种情绪的表达在出生后就有，而愤怒情绪的表达最早是在4个月时才出现。而且这些情绪的表达一旦出现，就比较稳定。行为主义心理学的代表人物华生根据对医院500多名新生儿的观察提出了：新生儿有3种主要情绪，即怕、怒和爱。多数研究认为，人类婴儿具有6种基本情绪：兴趣、快乐、厌恶、痛苦、愤怒和恐惧。

这些先天的情绪构成了人的基本生命情感，即人的感官感受和生命感受，也包括初步的心灵感受。这些情感大都来自先天的遗传，是人类漫长进化积累起来的生存智

---

① 韦永琼主编：《儿童哲学》，35～42页，北京，北京师范大学出版社，2022。

慧，精神分析学派的荣格称之为"集体无意识"。

兴趣。兴趣既是外界刺激对人的唤醒，也可以理解为人的一种情绪状态，是人对特定事件的关注与探索倾向。许多刺激能够激发人的关注，但却未必能唤起人的探索倾向。只有具有特定属性的事件方能引发人的兴趣，而且使得人在对特定事件进行探索的过程中获得愉快的感受。人对何种事物感兴趣取决于该事物对于人的价值。那些具有新奇、变化等属性的事物因为具有未知的意味，能唤起人的关注和探索兴趣。毕竟对于人类的远祖而言，对周围环境的变化保持警觉，进而进行探索是生存的基础。

快乐。快乐既是一种感官感受，也是一种生命感受和心灵感受。人的快乐源于感官层面需要的满足或机体的舒适，也源于人与他人尤其是父母之间的亲密关系。这种亲密关系对人而言意味着温暖、安全。与此同时，快乐情绪的表达如笑容、笑声等是建立和维系亲密关系的基本方式。

厌恶。厌恶是由令人不愉悦、反感的事物诱发的情绪，有特定的面部表情、生理体验和行为倾向。有研究发现，真实的厌恶是由违反道德所引发的。在要求个体口头报告厌恶的来源时，会提及很多跟道德有关的行为，如背叛、虐待、残忍等。厌恶在人发展早期是对物理刺激的厌恶，随后发展为对社会影响和新的道德要求的适应。有研究者把厌恶分为三类：核心厌恶、动物本性提醒厌恶（指人类会因为想到自己的动物本性而感到厌恶）以及感染厌恶。也有研究把厌恶大致分为身体厌恶和道德厌恶两大类。人在发展早期对厌恶先从体验开始，然后是对厌恶的表达、理解和言语描述，最后才是认知阶段。①

痛苦。引起痛苦的原因是多种多样的，包括物理的、心理的和社会的多方面因素。单纯的大声或尖刺的噪声、刺眼的亮光或灼热等物理刺激均会引起痛苦。由这些物理刺激所引起的其他情绪，如烦躁、焦虑，甚至痛苦本身，也是引起痛苦的刺激。同认知相联系的社会事件则是引起痛苦的其他重要因素。痛苦表情能引起他人的同情和帮助，痛苦还有利于群体的联结。如果说痛苦是有机体生理状况不适的反应，悲伤则是痛苦的发展和延伸。悲伤典型地代表着失去亲人或失去重要资源时的情绪状态。当人必须忍受这种分离或丢失时，痛苦和悲伤就转化为忧愁。

愤怒。情绪研究指出，对婴儿身体活动的限制能激活愤怒情绪。一般来说，无论是儿童还是成人，强烈愿望的限制或阻止都能导致愤怒的产生。不良的人际关系常常是愤怒的来源。受到侮辱或欺骗、遇到挫折、被强迫去做自己不愿做的事，都能诱发愤怒。情绪本身也能成为愤怒的原因，如持续的痛苦能转化为愤怒。愤怒的意义在于激发人以最大的魄力和力量去防止和打击来犯者，也用于主动出击。

恐惧。人的恐惧往往由威胁生命安全的刺激引发，包括从高处降落、疼痛等客观

---

① 傅小兰主编：《情绪心理学》，72～73 页，上海，华东师范大学出版社，2016。

刺激导致的本能性恐惧，以及由黑暗、独处、陌生动物、奇异景物等引发的主观想象所导致的预测性恐惧。在进化或个体发展中，人通常总是在受到威胁和危险情境中表现出退缩或逃避的适应行为。[①]

人的这几种情绪更多来自先天遗传，这些来自人类生存经验的情绪对人更好地生存和适应具有积极作用。在人类最初的生命历程中，这些情绪起到关注、区别、探索、沟通、联系的作用。这些情绪作为人对世界的最初感受，同时也构成了人最初的价值世界和情感世界。

(二)高级生命情感的萌芽与成长

随着人生理和心理的发展，人对世界的感受在不断地丰富和深化，尤其是伴随着人理性的成长和社会性的发展，人的情感日益变得细腻和丰富。人的生命感受、心灵感受和精神感受日益丰富，社会性的情感不断发展。在这一发展过程中，理性的发展和自我意识的萌芽起到了关键性作用。

认知评价参与情绪过程。阿诺德认为情绪产生于评价过程。情绪体验是有机体对刺激事件的意义觉知后产生的，而刺激事件的意义来自评价。阿诺德举例说，在森林里遇到一头熊，会产生极大的惊恐。然而，在动物园里看到阿拉斯加巨熊时，不但不产生恐惧，反而会产生兴趣和惊奇。这种情感反应的区别显然来自对情境的知觉——评价过程。人的日常经验反思告诉我们，情绪的确来自价值关系或人对价值关系的感受和评价。阿诺德强调，人与所处的具体环境对本人的利害性质决定其具体情绪。同一种环境对不同的人产生不同的情绪结果，是因为它对不同人具有不同的意义，而种种不同的意义是通过不同人的认知评价来解释的。拉扎勒斯在此提出了他全部理论的主题：情绪是对意义的反应，这个反应是通过认知评价决定和完成的。拉扎勒斯进一步深化了这一观点，他认为，有机体对刺激的评价有初评价和再评价之分，而初评价有三种类型，即无关、有益和紧张。无关的评价结果不唤起情绪，有益的评价结果激发愉快、舒畅、兴奋、安宁等情绪，而紧张的评价结果则会调动起有机体的应激。[②]

认知的参与使得人的情感逐渐摆脱生物性本能的限制，超越了最初的基本情绪。人开始体验更为丰富的感受，并对这种感受进行加工和控制，生命情感也变得更细腻、更丰富。

(三)自我意识情绪的出现和发展

自我意识情绪是人情绪发展的高级阶段。自我意识情绪与基本情绪的不同特点是：

---

① 孟昭兰主编：《情绪心理学》，148～152 页，北京，北京大学出版社，2005。
② 孟昭兰主编：《情绪心理学》，27～29 页，北京，北京大学出版社，2005。

自我意识情绪没有特定的可被检测的表情，但是可以从整体身体动作或姿态来鉴别；自我意识情绪很少有特定的、明显的诱发刺激，重要的诱发因素应当是某种情绪的发生蕴含着以自我为中心的认知评价，认知加工才是自我意识情绪的诱发源。[①]

自我意识的萌芽使得人的情感发展到一个全新的阶段。自我意识的出现使得人开始摆脱自身生物性的局限，初步具有他人和社会的视野，开始从一个全新的角度看待自己，并引导自己情感的发展。

人的自我意识大致出现在 18 个月到 24 个月。自我意识的出现带来两个结果：一是人具有了人我界限，人开始对自己的样貌、行为乃至情绪体验有了一个逐渐清晰的认识；二是人开始采择他人或群体的观点以替代原有的仅仅是本能性的冲动或反应。自我意识情绪的出现是人社会化的起点，也是人社会性发展的基本动力。典型的自我意识情绪包括羞怯与羞愧、自豪与自负、内疚与悔恨、傲慢等。

自我意识情绪产生于自我评价。当人对自我的觉知符合真实的或者是想象的自我表征时，就会体验到自我意识情绪。自我意识情绪能促使人产生社会所要求的行为，以此提高其社会等级的稳定性，使其明确社会规则。有研究者提出，尴尬和羞愧的产生是基于缓和的目的，内疚的产生是基于鼓励增进相互关系的目的，而自豪的产生则是基于建立优势领域的目的。[②]

自我意识情绪的产生源于人自我意识能力的发展，以及对外部社会要求的内化。自我意识情绪的出现能够促使人对外部社会要求的体认，促使人遵守社会规范。如果人违反了社会规范，则会唤起特定的情绪感受，如内疚。《心理学大辞典》将内疚定义为"个体认识到自己的行为违反道德准则时产生的一种悔恨自责的情感"[③]，因而，内疚这种情绪与道德规范关系密切，也是人道德社会化的重要推动力。而当人认为自己的言行符合特定的社会规范时，则会产生自豪等自我意识情绪，并从这种情绪体验中获得愉悦的感受。

自我意识的出现可以理解为人对自己作为特定社会成员的觉知，意味着人不再是完全由生物性本能驱动的生命体，而成了一个具有团体或社会意识的生命体。相应地，人对自身生命存在的感受也由纯粹生理性的感官感受，逐渐生发出与社会性生命相关的生命感受、心灵感受和精神感受，人因此也就获得了与其社会性存在相关的价值世界和情感世界。而且，人的价值世界和情感世界会随着人社会性的发展、本身知识经验的积累越加细腻和丰富，逐渐生发出道德感、美感等更为深沉和隽永的情感。

人的世界与其他动物的世界的不同就在于人的自我意识。从这个意义上说，自我

---

① 孟昭兰主编：《情绪心理学》，198 页，北京，北京大学出版社，2005。
② 张晓贤：《儿童内疚情绪与初级情绪的发展差异》，博士学位论文，华东师范大学，2012。
③ 林崇德、杨治良、黄希庭主编：《心理学大辞典》上卷，859 页，上海，上海教育出版社，2003。

意识情绪所构成的价值世界和情感世界是人所独有的世界，也是人之为人的世界。

二、情感的初步社会化

情绪的社会建构理论者普遍强调，尽管情绪的种系发生基于一定的进化——遗传特质，但是情绪的体验内容和表达方式并不是遗传性习惯的遗迹。许多研究已经发现，某些情感是固化在人类神经自主系统之中的，如高兴、恐惧、愤怒和悲伤等，这些情感被称为基本情感。对个体而言，这些情感是先天的、不学而能的。但毫无疑问，仅有这些情感还不足以建立和维系人类社会如此复杂和密切的关系。许多情感如羞愧、歉疚、感激等对于人类而言也是十分必要和常见的。这些复杂的复合和次级情感一方面与基本情感相关，另一方面更多来自社会文化的标定和解释。

"文化与社会标签指的是包括我们如何获得、识别、表达和解释每种情感的词汇、评价性观念与社会维度。这些包括处在不同位置的个体可能会感觉到什么和不会感觉到什么，应该表现出什么和不应表现出什么的规则。"①心理学的社会建构理论尤其强调情绪的社会色彩。"尽管情绪的种系发生基础于一定的进化-遗传特质之上，但是情绪的体验内容和表达方式并不是遗传性习惯的遗迹，而是在社会文化系统中获得的，是与人当时的社会角色相适应的有用的习惯。"②

研究者把具有情绪属性的特定文化观念称为情绪规则。霍赫希尔德区分了两类情绪规则——感受规则和表达规则。感受规则规定个体在情境中应该如何感受和体验某种情绪，表达规则规定在一定情境中应在什么时候和怎样表达情绪。③ 有研究者进一步把情绪表达规则区分为情绪表达规则知识和情绪表达规则目标。情绪表达规则知识是指根据情境要求调节情绪表现的知识。情绪表达规则目标是指使用情绪表达规则调节自己外部情绪表现的动机和目的。有研究者把情绪表达规则目标分为三种：亲社会的、维持常规的和自我保护的。亲社会的目标指的是顾及他人的感受，维持常规的目标指的是维持社会规范，自我保护的目标则是脱离困境、尴尬以及维持自尊。④

因此，在多数情况下，情绪反应并不像人们通常认为的那样是个体难以控制的激情式、刺激反应式的纯生物过程，而是个体在特定社会文化约束下的一种策略性行为。情绪具有强烈的社会性和明确的规范性，情绪的这种规范性体现在以下两个层面。

第一，情绪形式的规范性。不同的文化传统对个体的同一情绪表达有不同的要求。

---

① 王鹏、侯钧生：《情感社会学：研究的现状与趋势》，载《社会》，2005(4)。
② 乔建中：《情绪的社会建构理论》，载《心理科学进展》，2003(5)。
③ ［美］乔纳森·特纳、［美］简·斯戴兹：《情感社会学》，孙俊才、文军译，30 页，上海，上海人民出版社，2007。
④ 王丽娟、刘凤玲：《儿童情绪表达规则认知能力研究述评》，载《心理科学》，2009(3)。

以愤怒为例，儒家文化要求含蓄、内敛，对情绪的表达讲究得体，反对无节制的放纵，孔子所谓"色思温，貌思恭"以及"戒色、戒斗、戒得"就是典型。相较之下欧美文化则不反对甚至鼓励个体的愤怒表现。

第二，情绪内容的规范性，即面对某种情境个体应该感受和表达何种情绪，不同文化有不同的要求。比如，中国传统文化向来强调"师道尊严"，要求学生在师长面前必须恭顺，不可放肆，而欧美文化在这方面对学生的要求要宽松得多。

相较而言，情感与道德规范的联系可能更为密切。一方面，道德规范包含着对情绪感受和表达的特定要求，如对父母的感恩、对师长的恭敬等；另一方面情感是道德规范包括深层次价值观的维护基础，个体自身的羞愧感、罪恶感等消极情感以及旁观者的愤怒、不屑等负面情绪的表达是维护道德规范的重要力量。

首先，习得情感规范的过程。情感规范是建立在对多种情绪感受和表达规则的习得基础之上的，情感规范的形成和发展过程，也就是各种情绪感受和表达规则习得过程的总和。习得情感规范的过程大致要经过三个阶段：服从、认同、理解与内化。

服从：在外部力量的要求甚至压力下，为了达到某种物质或精神的满足，或为了避免惩罚而表现出来的符合规则要求的情绪。比如，儿童在很小的时候，在家长及其他权威的要求下表现出对师长的恭敬和遵从。

认同：当个体因遵循某种规范而获得积极强化，满足了某种需要，获得了某种积极情感的时候，对这种规范的遵从会渐渐变成一种习惯和需要。如果儿童在师长面前的恰当的情绪表达经常得到积极的反馈，儿童就会把这种情绪表达逐渐固化，渐渐变成一种习惯，进而变成一种内在的要求。

理解与内化：随着知识和经验的积累，个体对情绪规则的体验、认知和理解达到一定程度后，情绪规则就会与个体自身的理性规范相融合，达到"随心所欲不逾矩"的天人合一境界。随着年龄的增长及知识、经验的丰富，人可能会对情绪表达所代表的文化产生越来越深刻的理解，逐渐把情绪表达看作理所当然、天经地义的事情。

其次，习得情感规范的途径。有研究者认为情感社会化的机制主要有：人际调节的内化、观点采择的互动、个体反思的外化。[①] 这种观点采取了米德的符号互动论的角度和视野，强调人际互动和认知发展的关键作用。也有研究者强调父母的重要作用，认为父母对人的情感社会化的影响是通过"示范、反馈、直接示范和环境创设"[②]实现的。本文认为，情感规范的习得途径也就是获得情绪规则的途径，主要包括重要他人的示范以及对人情绪表达的强化和反馈、人的观察与模仿、社会比较和团体规范等。

在人情感社会化过程中，最值得重视的是父母的作用。这种作用既包括父母的榜

[①]　孙俊才：《情绪的文化塑造与社会建构：情绪社会分享视角》，博士学位论文，上海师范大学，2008。

[②]　成莉、刘云艳：《父母对幼儿情绪社会化的影响机制研究》，载《教育导刊》，2008(7)。

样示范作用，也包括父母在促成人对情感规范的理解、认同方面的不可替代的价值。"作为'情绪专家'，父母教给孩子如何处理日常情绪事件。他们会告知孩子他们对情绪事件的评价，帮助孩子们针对情绪体验使用相应的情绪标签，使用情绪表达的文化或亚文化规则……这主要是通过家庭中父母和儿童的'情感对话'（feeling talk）进行的……研究发现，母亲在讨论家庭成员的情绪上花的时间越多，其3岁孩子的情感观点采择能力越好、学前儿童的情绪理解能力越好。"①

社会比较和团体规范指的是随着人的逐渐成长，父母在人情感社会化中的作用逐渐让位于人的同伴和群体。人一方面通过与其他同龄人的比较获得自我意识和自我认同，并据此调节自己的情绪表达；另一方面同辈群体中业已存在的情绪规则对人的情绪感受和表达具有重要影响。"作为一个群体，儿童和青少年形成了一种有着独特情绪规则的文化，他们对诸多的情绪事件有着类似的评价，构成了其情绪表现的同伴常模。……伙伴们拒绝不服从情绪表达规则的儿童。"②

情感社会化的过程，就是人基本情感拓展的过程，即在人基本情感的基础上，在新的社会刺激与原有的情绪生理反应及主观体验之间建立起联系，并形成相对稳定的情绪反应模式，也就是对特定对象总会发生特定的情绪反应的过程。这一过程的前提条件是人的生理成熟和认知发展水平的提升。人的生理成熟水平不高或者认知经验不足可能会妨碍其对情绪规则的理解、认同和运用，进而影响其情感规范的形成和发展。

第七节
思想品德发展的过程与影响因素

如果把思想品德发展理解为特定态度的形成，那么思想品德发展的影响因素问题就转换成了态度形成的影响因素问题。社会心理学在这方面已经有了相对成熟的解释体系。

一、态度的形成过程

服从阶段。服从行为并非出于个体的内心意愿，并且是暂时性的，只是为了达到自己一时一地的目的而被迫表现出来的表面的行为。

认同阶段。认同是指个体自觉自愿地接受他人的观点、态度，并有意无意地模仿

---

① 刘国雄、方富熹、杨小冬：《国外儿童情绪发展研究的新进展》，载《南京师大学报（社会科学版）》，2003（6）。
② 刘国雄、方富熹、杨小冬：《国外儿童情绪发展研究的新进展》，载《南京师大学报（社会科学版）》，2003（6）。

他人，使得自己的观点、态度和他人要求相一致。

理解与内化阶段。个体完全地从内心里相信并接受他人的观点、态度，从而彻底改变自己的观点、态度。内化意味着把他人的观点、态度完全纳入自己的价值体系中，成为自己人格的一个组成部分。

二、态度形成的影响因素

(一)需要的满足和情绪性经验

态度具有情绪体验的成分，与人们需要满足的经验有高度关联。对于能够满足需要或是能够帮助自己实现目标的对象，人们倾向于有积极情绪体验，产生肯定态度。反之，对于阻碍自己达到目标或引起挫折的对象，则倾向于产生消极情绪体验，产生否定态度。一种态度与需要的联系越密切，则态度受到的影响就越大。

从发展上说，价值观的形成高度依赖于情感。情感的愉快是人们接受某种价值观的前提。儿童从很早开始就依据客体能够满足自己需要的程度形成一定的价值倾向，最终的价值观就是在原有价值倾向的基础上，在积极情感的支持下形成的。而针对具体对象，具有认知依据的态度则是在价值倾向与后来的价值观基础上发展起来的。

(二)知识

知识影响人们态度的形成，也可以使已经形成的态度发生改变。对于同自己没有直接关联的对象，人们有关态度的基本倾向是认知性的。此时知识的作用就更加明显。比如，迷信巫术，首先就是因为信息、知识的缺乏，使人易于偏信某些以简单的表面欺骗为特征的巫术。

(三)群体参照

群体参照是指人们在价值取向上或行为方式上认同的自己所属或所选择的群体。群体参照的作用是为人们提供社会同一性和自我评判的标准。在通常情况下，个人的参照群体就是其实际隶属的群体。当参照群体与隶属群体不一致，特别是当参照群体与隶属群体的价值取向不一致时，个人会面临许多危机。

(四)文化因素

文化作为人们社会化的大背景，深刻地影响着人们态度的形成。著名人类学家玛格丽特·米德，曾对南太平洋萨摩亚群岛的三个原始部落进行长期研究，发现文化背景直接决定着人们对许多事物的态度，乃至整个思维方式。米德发现，在一个叫阿尔派西的部落，男子高度女性化。我们的社会强调男子需要有刚毅、善于竞争、敢于搏斗的阳刚之气，而在阿尔派西部落，这样的男子是被人看不起的。在芒都古莫部落，女子的行为充满敌意、攻击与暴力，而温柔、体贴、含蓄的女子是不受欢迎的。[①]

三、儿童道德动机的发展

总的说来，儿童道德动机的发展表现为三个方面：一是由服从向独立性发展。尽管小学高年级学生以自觉的道德动机占主导地位，但这时期的学生还是或多或少地依赖于对成人指令的服从。二是由具体、近景向抽象、远景发展。小学高年级学生能以社会需要作为道德动机的基础，但他们还离不开具体形象性。三是逐步产生道德动机的斗争但表现为激烈的冲突则较少。[②]

研究者曾研究了小学生遵守纪律的动机，发现在为什么遵守纪律的问题上，小学生有如下几种想法：服从老师的要求；为了获得表扬，不落人后；为履行学校班集体和少先队组织的义务和各种制度的要求，或为集体争光；出于社会公德的要求，而应该自觉遵守纪律。

这四种不同的遵守纪律的动机不是固定不变的，而是由低到高、由近及远、由具体到抽象地发展着。小学生从比较短近的、不稳定的、具体的、狭隘的遵守纪律的动机向自觉的、富有原则性的、比较稳定的、富有社会意义的遵守纪律的动机发展。在整个小学阶段，前三种动机比较突出。随着年龄的增长，尤其到了小学高年级，第一种动机在减弱，第四种动机在增强。但是，第四种动机一般只能在高年级出现。低、中年级学生的遵守纪律的表现常常是出于对纪律的服从，听老师的话，动机斗争并不突出。

四、知行不一的道德行为[③]

小学阶段是个体道德行为发展的重要转折期。例如，利他行为发展的转折期是在9～10岁；分享观念的转折期是在7～9岁，而分享行为和助人行为发展的转折期是在7～8岁；道德行为习惯发展的转折期是在9～10岁；自我控制能力发展的转折期在7岁，此后，随着年龄的增长，小学生的自我控制能力虽有提高，但总体上呈现一种"高原现象"。换句话说，由于自我控制能力相对不够成熟，小学生的道德行为经常与他们的道德认知不一致。如果我们的小学教育不能根据学生的这些发展特点进行教育，或

① 金盛华主编：《社会心理学》，93～99页，北京，高等教育出版社，2010。
② 王耘、叶忠根、林崇德编：《小学生心理学》，335页，杭州，浙江教育出版社，2007。
③ 杨韶刚：《道德教育心理学》，97～98页，上海，上海教育出版社，2007。

者只关注道德知识的灌输，那么就会使学生形成知行不一的两面人格。

相关研究发现，小学生道德行为习惯是呈马鞍形发展的。低年级和高年级学生的道德行为习惯较好，而中年级学生的道德行为习惯相对较差。这个研究结论也是与前面关于道德行为习惯发展的转折期的结论相一致的。低年级学生的道德行为是一种依附性很强的受家长和教师权威影响的行为，这种行为习惯具有不稳定性。随着学生独立性和自觉性的提高，三、四年级学生就会因为破坏了原有的道德行为习惯而导致道德行为习惯水平下降，如果能够及时纠正，到高年级时，学生的道德行为习惯就具有一定的自觉性和稳定性了。显而易见，整个小学阶段，尤其是小学中年级是培养学生道德行为习惯最关键的时期。

培养小学生道德品质可以从培养道德行为习惯开始，以后再从道德认知方面对其进行教育。这在某种程度上符合我国古代一些学者倡导的"行先于知"的道德心理学思想。换句话说，从道德行为习惯入手，对小学生进行道德教育，是一条符合小学生身心发展规律的科学途径。

第八节
思想品德发展的阶段性

一、皮亚杰的儿童道德发展阶段论[①]

皮亚杰通过谈话法研究儿童道德发展，把儿童道德发展分为四个阶段：自我中心阶段、权威阶段、可逆阶段、公正阶段。儿童道德发展的基本方向是从他律向自律发展。

(一)自我中心阶段(2～5 岁)

在自我中心阶段，规则对儿童还没有约束力，他们没有把规则看成应该遵守的。儿童按照想象去执行规则，把外在环境看作自我的延伸，还没有把主体与客体分离，不能把自己与周围环境区分开来。他们的游戏活动只是个人任意行动的独立活动，与成人、同伴之间还没有形成合作关系。

---

① 郭德俊主编：《小学儿童教育心理学》，160～162 页，北京，中央广播电视大学出版社，2002。

儿童在自我中心阶段，由于受认识的局限和思维发展水平的影响，还不理解成人或周围环境对他们的要求，往往是我行我素。对这一阶段的儿童应以认真、耐心、细致的具体指导为主，而不应多加干涉。

(二)权威阶段(6～8岁)

权威阶段又称他律阶段。儿童的道德判断受外部的价值标准支配和制约。处于这个阶段的儿童认为应该尊重权威，顺从外在的要求。他们认为服从和遵守了成人的或规则的要求就是正确的行为，否则就是错误的行为。皮亚杰做了这样一个实验：星期日下午，有位妈妈要她的两个孩子帮她料理家务，要一个孩子去把盘子擦干，要另一个孩子去取一些柴火来。但是，两个孩子却上街玩了。于是，妈妈就叫自己的第三个孩子去做这两件事。这个孩子应该怎么做呢？皮亚杰询问了150个6～12岁的儿童，结果是年龄越小的儿童越倾向于服从妈妈的决定，认为妈妈的命令都是正确的，应一律服从。

由于处于权威阶段的儿童绝对尊重和服从权威，所以在道德教育中，教师要加强对他们行为的正确指导，合理组织各种活动，并注意自身的表率和示范作用。

(三)可逆阶段(9～10岁)

可逆阶段又称自律阶段。在这一阶段，儿童的思维发展进入具体运算阶段，突出的特点就是具有守恒性和可逆性，他们达到了基本遵从道德关系的阶段，从而具有一定的自律性。处在可逆阶段的儿童既不简单地服从权威，也不机械地遵守规则，他们不再把准则或成人的命令看作应该绝对服从的或不可改变的，已开始认识到规则是由人们根据相互之间的协作制定的，可以按照人们的意愿加以改变。在道德教育过程中，教师应对他们讲清道理，进行正确引导，并且一定要注意一视同仁，避免采用强制、压服、粗暴或厚此薄彼的态度。由于这一阶段的儿童已经认识到同伴之间的相互关系的意义，因此这一时期是培养儿童自我控制能力和集体主义思想的好时机。

(四)公正阶段(11～12岁)

在公正阶段，儿童的观念里不再只是判断是非的、单纯的规则关系，而开始形成关心、尊重、同情别人的道德关系。儿童与成人的关系开始从权威性过渡到平等性，儿童的公正观念开始形成。比如惩罚，儿童认为惩罚不能千篇一律，要依据每个人的具体情况做出与其所犯错误的程度相适应的惩罚，而且把惩罚看作对过失者的一种教训。

二、柯尔伯格的道德发展阶段理论[1]

美国心理学家柯尔伯格以对"海因茨偷药"这一道德两难问题的讨论为主要路径和方法，研究了儿童对道德判断的论证过程，发现儿童的道德发展大体可分为三个水平、六个阶段。

水平一：前习俗水平（0～9 岁）。这一阶段的主要特点在于个体主要根据外在要求判断道德价值。此水平又分为两个阶段。

第一阶段：服从与惩罚定向。个体服从规则以避免惩罚。个体根据行动的有形的结果判定行动的好坏，凡不受到惩罚的和顺从权威的行动都被看作对的行动。

第二阶段：相对功利取向。个体遵从习惯以获得奖赏，对行为对错的判断持利益交换的观点。

水平二：习俗水平（10～20 岁）。这一阶段的主要特点是个体以他人期待和维持传统秩序作为判断道德价值的基准。此水平又分为两个阶段。

第三阶段：好孩子取向或寻求认同取向。好的行为是使人喜欢或被人赞扬的行为。个体十分重视顺从和做好孩子。

第四阶段：法律和秩序取向。个体的注意中心是权威或规则。所谓正确即指完成个人职责、尊重权威和维护社会的秩序。

水平三：后习俗水平（20 岁之后）。这一发展阶段的主要特点是个体以自觉守约、行使权利、履行义务为道德价值判断的基准。此水平又分为两个阶段。

第五阶段：社会契约的取向。个体了解行为规范是为维持社会秩序而经大众同意所建立的，只要大众形成共识，社会规范是可以改变的。

第六阶段：普遍的道德原则的取向。道德被解释为一种良心的决断。道德判断是以个人的伦理观念为基础的。

柯尔伯格认为，小学一二年级的儿童几乎都处于第一阶段，其道德动机主要被恐惧心理所束缚，希望免除权威人物的处罚；其道德认识中有一些准则，并认为某一个人破坏了这些准则便会产生一定的后果；其思想倾向是有权威就有道理，凡是权威人物赞扬的就是好的，遭到他们批评的就是坏的。

从三年级起，儿童进入第二阶段。他们的道德动机主要是从自身利益出发，凡事都要对自己有利，做一切自然要做的事；其道德认识是人与人的关系完全由直接的互利性决定，即"你帮我，我助你"；其思想倾向是必须为自己着想，一个人的义务只是帮助自己，每个人都有自己的需求和意图。

---

[1]　王耘、叶忠根、林崇德编：《小学生心理学》，325 页，杭州，浙江教育出版社，2007。

小学高年级儿童道德发展基本到达了第三阶段。他们的道德动机主要是服从当诚实儿童的规则和满足他人的希望，以争取社会的赞许；其思想倾向是认为正确行为是与社会利益相一致的。

三、以自我发展为主线的思想品德发展阶段划分

皮亚杰和柯尔伯格的道德发展阶段划分主要依据个体理性和认知的发展，理性和认知的发展固然是道德发展的重要线索和内容，但却不是全部。个体思想品德的发展还与非理性的情感相关，还是以情感为核心的价值学习的过程，关涉的是人与世界的关系。

思想品德发展过程是个体与外部世界关系变化的过程。这一过程的性质一方面取决于个体身心发展状况，主要是自我意识的成长状况；另一方面取决于外部环境对个体的要求。当个体处于不同的自我意识发展水平或阶段的时候，外部世界对个体呈现出不同的要求和影响。同时，不同阶段的自我意识也会对自身权利、人格、地位乃至义务等有不同的定位和期望。因此，个体思想品德的发展过程以自我意识作为线索、以人我关系作为特征大致可以分为以下三个阶段。

权威阶段。这一阶段的主要特征是个体尚未具备明确和清晰的自我意识，对自己的权利、地位缺乏明确的边界意识，对相关道德要求或规范也缺乏深入的理解和判断，更多采取外在权威如父母、教师等重要他人的观点作为自己的观点，体现为较强的服从性。

群体归属阶段。这一阶段的主要特征是个体的自我意识逐渐发展和清晰，社会关系需要成为个体的主导需要，被特定的群体接纳和认可成为个体道德的基本动力，个体更多把群体规范当作道德判断和道德行为的主要指针。与此同时，个体自我意识的独立性也在增强，强烈渴望认识自我，通过与他人的互动确认自我价值成为其日常言行的基本动力。

独立自我阶段。这一阶段的主要特征是个体已经具备了相对清晰的自我意识，对自身与他人的权利的认识更为清晰和公允，逐渐能够从精神层面包括自身精神世界的成长、人与世界的精神关系等方面思考和确定自身的言语与行为的内容及旨归，渴望在与他人和世界的和谐关系中获得精神性愉悦。

第九节
个人预期：关于道德行为的解释

　　人是一种高度复杂的存在，人的行为也不像机器一样精准，在特定的条件下人是否一定会如他人所愿的那样做出特定的行为并不是一件能够准确预测的事情。全然、彻底地理解个体的道德行为几乎是一个不可能完成的任务，但个人预期作为一种视角可能会对这个难题有所裨益。

一、个人建构理论及其启示

　　个体是否做出道德行为受很多因素的影响，仅仅注意个体内部的原因或者外部的原因都是片面的。凯利的个人建构理论能给个体的道德行为提供较为合理的解释。

　　凯利是美国著名的人格心理学家和人本主义心理学的先驱之一，1955 年他的《个人建构心理学》的出版标志着个人建构理论的诞生。这一理论经过许多人的努力，已经逐步完善，并引起了越来越大的反响。个人建构理论的基本内容如下所述。

　　第一，人是科学家。凯利认为人并不是为环境或无意识所操纵的，提出了"人是科学家"这一假设。凯利认为科学家在一生中总是不停地寻找确定性，他们发展着自己的理论，以便对未来的事件进行预期，他们的主要目的是减少不确定性。人就像科学家一样，试图通过减少不确定性来澄清自己的人生。人总是在预期和控制发生在他们生活中的各种事件，每个人都有一些关于世界的推测，这些推测指导着他们去与人或事打交道。

　　第二，个人建构选择论。建构就是人们用来解释世界、分析世人的方式，一个建构就是人们关于某一事件的解释。这种建构凯利称之为模板或样板。人们在经验的基础上形成关于一个人的假设，然后搜集有关资料并进行观察，再与形成的假设相对照，如果得到证实，人们就继续运用它，否则便加以修改，提出新的假设。凯利把这一过程称为模板运动，并把这种解释和预期事件的认知结构定义为建构——人们试图解释自己的经验时所使用的一种思想、一种观点或一种看法。它就像一种微型的科学理论，人们可以用它来预测现实。个人建构是个人析解或说明经验，赋予经验以意义或者对经验做出预言。每个人都有自己独特的个人建构，都能不断地把关于经验的复杂信息纳入个人建构之中。①

这一理论在思维方式上同奥苏伯尔的认知结构理论有些相似：二者都认为人的行为建立在过去经验的基础上；都强调认知结构的辩证发展；反对机械式的决定论，重视人的主动性、能动性。不同之处在于：凯利的视野要比奥苏伯尔的视野大得多，他用这一理论来解释人的所有行为，而奥苏伯尔只研究人的学习行为，尤其是学生的学习。

与勒温的生活空间理论相比较，个人建构理论更强调个人的主动建构与选择。勒温的生活空间理论强调人的行为是人与环境即生活空间的函数。尽管这一理论注意到了主观知觉的重要作用（如"实在的是有影响的"），但仍有一种决定论的倾向。

个人建构理论给我们的启示是：其一，人的道德行为是一个复杂的内部过程的结果，这一过程受很多内外因素的影响；其二，人的道德行为是环境和内部因素的函数，不应该过高估计某种行为的一致性，正如勒温的观点，行为随着人与环境这两个因素的变化而变化；其三，人的道德行为是个体主动选择的结果，是个体适应周围环境、维护自己利益的方式或工具。从这个意义上说，没有超功利的道德行为，只是不同的人有不同的功利观罢了。

二、理解个体道德行为的新视角：个人预期

个体的道德行为主要由个体对这种行为的预期所决定。也就是说，个体是否从事某种道德行为，取决于个体对这种行为的预期。所谓预期就是对行为的条件、可能性、必要性等的认识和评价以及对行为的后果、意义和代价的想象与评估。如果预期的结果符合个体的利益，那么个体就会采取行动，否则就不会付诸实施。关于道德行为情景性的试验充分证明了这种预期的存在。

利益原则包括获得物质利益，也包括获得精神利益，还包括避免各种伤害。根据个体的价值观，这种利益原则可以做出各种解释：也许个体认为集体的利益最重要，也许个体认为个人的利益最重要；或者认为精神利益最为重要；或者认为避免受到伤害最为关键。费尔巴哈也认为，道德的基础是利己主义，不仅有单独的或个人的利己主义，而且有社会的利己主义，有家庭的、集团的、公社的、爱国的利己主义。所以，维护自己的利益是个体道德行为预期的出发点。

影响个体道德行为预期结果的因素有很多，主要有以下几个方面。

第一，价值观。价值观是个体用以评价事物并指导行为的心理倾向系统，是个性

---

① ［美］B. R. 赫根汉：《人格心理学》，冯增俊、何瑾译，327 页，北京、海口，作家出版社、海南人民出版社，1988。

系统中最隐蔽、最有影响的动力部分，最终决定个体的行为表现倾向。价值观是在过去经验的基础上形成的，是内外因素综合作用的结果。价值观又是一个动态的生成系统，会随着个体的发展而不断发展变化。但这种变化是缓慢的，很多时候是无意识进行的。价值观对道德行为的影响是决定性的，它虽然不能用来说明个体每一次的行为表现，但个体长期的行为倾向性必定反映了他的价值观。

第二，过去的经验。个体在过去的经验中是否经历过类似或同样的行为情景，对个体的行为有很大的影响。一般说来，个体倾向于重复使用过去的经验，这和心理学中的定势反映有些相似。过去的经验是个体预期的结果，重复使用这种预期的结果能使个体不必再花费时间和精力去思考或评估，从而节约心理能量或空间，去从事其他的心理操作。

第三，环境的压力大小。当个体面临巨大的环境压力时，很可能会违背自己的价值观做出违心的事，从众现象就是一个很有说服力的例子。个体是否能克服环境的压力，按照自己的价值观去做，一方面取决于原有的价值观的性质，如坚定性；另一方面取决于所处环境的性质，如构成环境的人的地位、重要性等。一般说来，组成环境的那些人物影响力越大，个体承受的压力也就越大，也就越容易改变自己的初衷，做出违心的事来。

第四，某种行为的重要性。某种行为越重要，后果越严重，个体越是倾向于慎重，越是倾向于遵守道德规范。这种遵守使得个体可以避免因此而来的心理负担。而对那些影响很小的事情，个体可能就很随便地处理了。

第五，个体从事某种行为的能力或准备状态。个体是否具有某种行为的行为能力，也是一个重要因素。有时个体没有做出某种道德行为是因为个体"心有余而力不足"，缺乏或不具备相关的能力或准备状态。比如，想救人，却不会游泳；想慷慨解囊，却囊中羞涩等。

第六，需要状态。个体正处于什么样的需要状态，会影响个体的思维和行为定势。当个体的需要状态和道德规范的要求相冲突时，个体有可能根据对某种道德行为的重要性和后果的评估，或者从事道德行为，抑制自己的需要；或者采取符合自己需要的行为，而违反道德规范。

个体的预期过程大致经过三个环节：理解环境、行为预演、后果评估。

理解环境是个体预期的第一步，也是关键的一步。个体能否理解所处的环境，明确道德行为的必要性与迫切性，是做出道德行为的先决条件。这一环节包括觉察所处的物理环境，觉察周围人的表现，推测周围人的行为动机，认识道德行为需要。个体只有认识到环境对其道德行为的需要或要求，才有可能做出道德行为。如果缺乏对环境的理解，尤其是缺乏对道德行为需要的认识，个体很可能就会"麻木不仁"。

在理解环境的基础上，个体将对自己以什么样的方式从事道德行为进行预演，包括对如何开始、如何进行、后果如何的想象。

想象中的后果出现以后，个体将根据自己的价值观、需要状态、外部环境、过去的经验等对后果进行评估。如果个体认为这种行为符合自己的利益原则，那么这种预期就会转化为行动，否则个体就可能会无动于衷、作壁上观。

通过以上分析，我们可以得出以下结论。

第一，对个人的道德表现不应该抱有过多的奢望。个人的道德表现体现了个人的利益原则，从自己的利益出发是个人行为的基本出发点。我们应该对人性本善的传统理念持辩证的态度。

第二，对个人的道德表现应该持一种宽容的心态。既然每个人都是利益的主体，都要维护自己的利益，那么希望每个人都能大公无私、舍己为人的想法就只能是一种空想。我们最起码要做到合理、合法地维护自己的利益，不非法侵占别人的利益。

第三，高尚的道德个体的确存在，我们不应抹杀其功绩，也不能贬低其动机。但不能把这样的个体视为应当，视为普遍意义上的合理，更不能把其他的个体视为庸俗、低下。个体的道德表现之间的差异是正常的，片面追求全体社会成员高尚的道德境界，尤其是在没有健全的法律体系、个人的利益缺乏最基本的保障的条件下，片面要求提高道德的境界是毫无意义的，很可能会带来虚伪的表演，进一步导致整个社会道德的堕落。

第四，学校道德教育应从人的基本需要出发，制定切实可行的道德规范，杜绝假、大、空的道德说教，努力使学生把道德要求看作生活的、必需的、自然而然的，而不是外部强加的。高尚的道德楷模可以进入学校，但不能把他们看作标准，而只能看作一种方向、一种希望，让学生在耳濡目染中自发地向他们学习、看齐。

第五，加强法治建设，有效维护个人的合法权益，使个人可以不再为了维护自己的利益而患得患失、瞻前顾后，从而使个人得以尽可能地超越狭隘的、眼前的利益原则，把视线投入更广阔的团体和社会中去。

个人预期理论是个人独特的解释、适应环境的理论，这一理论能使人们正视人类社会的道德现实，帮助人们理性对待个体的道德表现，有助于合理、有效的道德教育理论的建构。有些结论也许有些令人失望，但与其对人的道德表现抱有不切实际的幻想，还不如面对现实，想想如何应对更为现实些。

本章小结

品德是一种态度体系，思想品德的核心成分是个体对他人、群体、社会、国家乃至自然的态度，而态度的性质主要取决于对象的价值，即对象是否以及多大程度上满足个体的需要。需要是思想品德发展的底层逻辑，也是其发展的动力。

人始终是现实的、感性的人，是从事感性活动的人。感受在人的生命中处于基础性地位。思想品德发展的人性起点就是感受经验。道德是人类族群基于生存压力的感受经验而确立的关于人我关系的规范。

思想品德的发展不是无条件的，其发展的内部条件包括个体心智发展水平，即自我意识、认知以及情绪情感的发展。

思想品德发展是特定态度体系的形成过程，思想品德发展的过程与影响因素即态度的形成过程与影响因素。态度的形成主要经过服从、认同和理解与内化三个阶段，态度主要受到需要的满足和情绪性经验、知识、群体参照与文化因素的影响。

皮亚杰与柯尔伯格依据个体理性和认知的发展划分了思想品德的发展阶段。以自我意识作为线索、以人我关系作为特征可以将思想品德发展分为权威阶段、群体归属阶段和独立自我阶段三个阶段。

个人预期理论是个人独特的解释、适应环境的理论，这一理论对解释道德行为有所裨益。

章后练习

一、名词解释

1. 品德。

2. 态度。

3. 需要。

4. 自我评价。

5. 情绪规则。

二、简答题

1. 简述需要的逻辑。

2. 简述自我意识的发展。

3. 简述认知的发展。

4. 简述个体情感规范习得的过程与途径。

5. 简述态度形成的影响因素。

6. 简述儿童道德动机的发展。

三、思考题

1. 需要与思想品德之间的关系是什么？

2. 思想品德发展的条件是什么？

3. 试论述皮亚杰儿童道德发展阶段论。

4. 试论述柯尔伯格道德发展阶段理论。

5. 以自我意识作为线索、以人我关系作为特征，个体思想品德的发展过程可以分为哪几个阶段？

6. 请简述个人建构理论并谈谈其对你的启示。

7. 影响个体预期结果的因素有哪些？个人预期理论对思想品德教育有何启示？

延伸阅读

[奥]西格蒙德·弗洛伊德：《文明及其缺憾》，傅雅芳、郝冬瑾译，合肥，安徽文艺出版社，1987。

[美]B.R.赫根汉：《人格心理学》，冯增俊、何瑾译，北京、海口，作家出版社、海南人民出版社，1988。

[美]乔纳森·特纳、[美]简·斯戴兹：《情感社会学》，孙俊才、文军译，上海，上海人民出版社，2007。

车文博主编：《当代西方心理学新词典》，长春，吉林人民出版社，2001。

成莉、刘云艳：《谈父母在幼儿早期情感教育中的作用》，载《康定民族师范高等专科学校学报》，2005(4)。

高觉敷主编：《西方近代心理学史》，北京，人民教育出版社，1982。

郭德俊主编：《小学儿童教育心理学》，北京，中央广播电视大学出版社，2002。

李德顺：《"价值"与"人的价值"辨析——兼论两种不同的价值思维方式》，载《天津社会科学》，1994(6)。

李恒威：《从心智到文化：达马西奥的生命哲学》，载《西北师大学报（社会科学版）》，2020(5)。

刘国雄、方富熹、杨小冬：《国外儿童情绪发展研究的新进展》，载《南京师大学报（社会科学版）》，2003(6)。

孟昭兰主编：《情绪心理学》，北京，北京大学出版社，2005。

乔建中：《情绪的社会建构理论》，载《心理科学进展》，2003(5)。

时蓉华主编：《现代社会心理学》，上海，华东师范大学出版社，1989。

宋希仁：《"道德"概念的历史回顾——读黑格尔〈法哲学原理〉随想》，载《玉溪师范学院学报》，2004(4)。

唐凯麟：《对消费的伦理追问》，载《伦理学研究》，2002(1)。

王海明：《关于品德的几个难题》，载《中国大学教学》，2009(9)。

王丽娟、刘凤玲：《儿童情绪表达规则认知能力研究述评》，载《心理科学》，2009(3)。

王鹏、侯钧生：《情感社会学：研究的现状与趋势》，载《社会》，2005(4)。

王孝哲：《论人的发展及其动力》，载《安徽大学学报(哲学社会科学版)》，2008(1)。

王耘、叶忠根、林崇德编：《小学生心理学》，杭州，浙江教育出版社，2007。

杨韶刚：《道德教育心理学》，上海，上海教育出版社，2007。

曾钊新：《道德与心理》，武汉，湖北教育出版社，1989。

张向葵、刘秀丽主编：《发展心理学》，长春，东北师范大学出版社，2002。

朱贻庭主编：《伦理学大辞典》，上海，上海辞书出版社，2011。

德育的目标体系

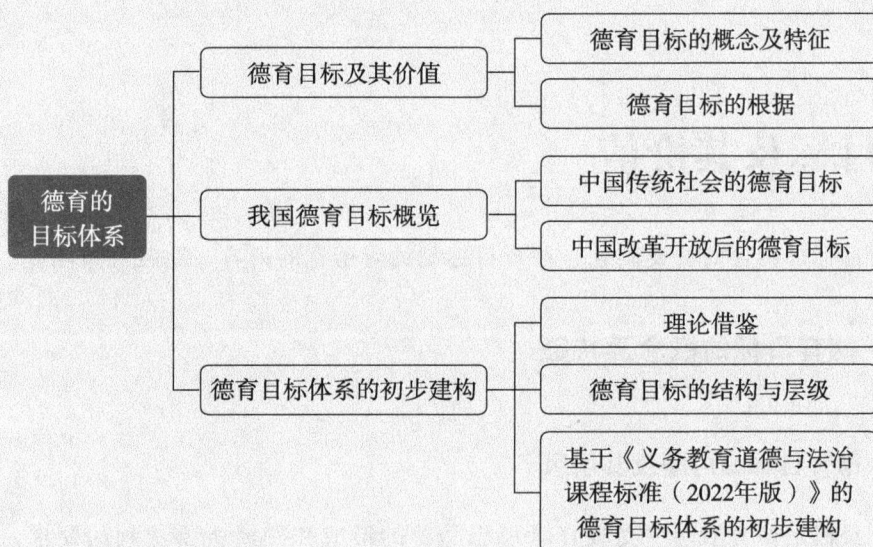

中国德育理论和实践领域普遍认为当代中国的德育是所谓"大德育"。大德育范畴下的各部分内容要求不同、性质不同、内在规律和相应的教育策略不同，就导致了相关理论研究焦点和口径不同，以及相应的理论体系不同，也导致了德育实践领域决策的复杂和困难。这一现象的根源在于缺乏操作性强的德育目标体系。因而，建构一个合理的、符合中国德育特色的德育目标体系是当前德育理论研究和实践探索的重要内容。

第一节
德育目标及其价值

德育目标是德育的首要问题，德育目标制约着德育的内容、路径和策略。

一、德育目标的概念及特征

(一)德育目标的内涵及其层级

德育目标是德育活动中受教育者思想品德的形成和发展所要达到的要求，亦即德育活动所要达到的预期目的或结果。德育目标简单地说大致包括三个方面：其一，理解何谓"好人"，即道德认知目标；其二，愿意做一个"好人"，即道德情感目标；其三，明白怎样才能做一个"好人"，即道德行为目标。

这种表述是总体的、一般性的表述，毕竟对不同年龄阶段的人而言，"好人"所蕴含的意义是不同的，确定适合特定年龄阶段的"好人"标准是重要但却不容易的任务。而这些分年龄段的德育任务就构成了德育目标的层级，这些分段目标再加上认知、情感、行为维度的划分，就构成了较为完整的德育目标体系。

(二)德育目标的应然规定性

1. 先进性

德育目标要引领人的道德成长，首先应超越当下人的道德发展水平。在这个意义上，恰当判断人的道德发展水平，进而确定恰当的道德成长空间就成为确定德育目标的重要考量。换言之，德育目标应建立在对人道德发展水平的清晰、准确的预判之上，进而确定恰当的方向与难度。

2. 适应性

首先，德育目标应与人的发展相适应。根据人的个体差异情况，制定适合每个人的道德发展目标。这种适应除了因人而异之外，还有一个重要的考量，就是容易被人接受。否则，德育目标就仅仅是"德育"的目标，而不是人道德成长的目标。

其次，德育目标还应与时代发展相适应。一方面因为时代发展和社会环境的潜移默化的影响，德育目标更容易被人接受；另一方面也能增强人对社会环境的适应性。

3. 超越性或精神性

人是一种精神性存在，即使是小学生，也内在地具有精神性发展的需求。道德发展是人的精神性发展的重要方面，德育目标应该能够引领人精神性方面的成长。换言之，人在道德方面的进步，除了具有一般性的功利价值，如获得接纳、认可、尊重等之外，还应与人的精神成长和自我完善相关联。

二、德育目标的根据

(一)德育目标的理论根据

纵观人类德育发展史，不同的社会历史条件下，德育目标显然是不同的。在德育目标多样化的背后，首先是理论根据的差异，这些差异主要体现为个人本位、社会本位和神学本位。

个人本位论的德育目的观，即以个体自尊、幸福等为核心追求的德育目的观。这种观念认为，德育应以人的本性与需要为出发点制定德育目标，建构德育活动。人的本性、人的价值、人的尊严、人的主体性是德育的主题。例如，美国学校德育——"道德上成熟的人"：一是尊重人的尊严，二是关心他人幸福，三是把个人兴趣融于社会职责之中，四是为人正直，五是能做出正确的道德判断，六是力求以和平的方式解决冲突。[1]

社会本位论的德育目的观，即以社会稳定和发展的需要作为德育最终目标的德育目的观。这种观念认为，社会需要是德育目标和德育活动的最终旨归，德育的内容、路径、策略等要最终服务于特定的社会价值。培养符合社会主流道德需要的公民，实现个体道德的社会化，从而保证社会的存续与发展是德育的首要应然追求。例如，朱熹的《白鹿洞书院揭示》提出：其一，五教之目。父子有亲、君臣有义、夫妇有别、长幼有序、朋友有信。其二，为学之序。博学之、审问之、慎思之、明辨之、笃行之。其

---

[1] 李霞：《中外德育比较研究》，130～133 页，武汉，湖北人民出版社，2009。

三，修身之要。言忠信、行笃敬、惩忿窒欲、迁善改过。其四，处世之要。正其义不谋其利，明其道不计其功。其五，接物之要。己所不欲，勿施于人，行有不得，反求诸己。

美国学校德育目标与朱熹在《白鹿洞书院揭示》中所涉及的德育目标具有较大的差异，前者更多关注个体自身的道德成长，关注"我"应该成为具有何种品质的个体，而朱熹更多关注个体如何克制自我以与社会相协调。

神学本位论的德育目的观的主要旨趣是，德育的目标在于使人摆脱人性，养成神性。奥古斯丁认为，教学的目标在于使学生发现心中的真理，而不是去认识客观世界。

(二)德育目标的现实根据

1. 社会历史条件的制约

特定的社会历史条件包括生产力、社会政治经济制度以及文化传统，是德育目标的直接来源。农业社会和工业社会的德育目标当然不同，资本主义社会和社会主义社会的德育目标也不可能一致，儒家文化与古希腊文化对人的道德要求也必然有所差异。例如，《朱子家训》指出："黎明即起，洒扫庭除，要内外整洁。既昏便息，关锁门户，必亲自检点。一粥一饭，当思来处不易；半丝半缕，恒念物力维艰。宜未雨而绸缪，毋临渴而掘井。"《朱子家训》中所提到的勤劳、节俭等品质与中国传统农业社会的生产方式密切相关。

2. 教育对象身心发展规律的制约

不同年龄阶段的人因为身心发展的规律不同，适宜其发展的德育目标理应有所不同。对中学生讲道理和对一年级的小学生讲道理，无论是内容还是方法都应不同，相应的要求也当然有所不同。

中国传统德育的特征之一是权威主义、成人主义倾向，过度关注社会和成人对孩子的要求，过度强调对孩子的约束和管理，有意或无意地忽略了孩子的身心发展规律，有意或无意地忽略了孩子的想法和需求，因而中国传统德育也被有些学者称为"无人的德育"。

第二节
我国德育目标概览

有学者认为，中国古代的德育主要包括四个方面的内容："规范属性的礼仪规范和封建纲常教育、价值观属性的孝德教育和经学教育、世界观属性的天人关系与宗教信仰教育、养成属性的修身教育和道德楷模教育。"[1]

　　新中国成立之后的德育也继承了这一传统。以改革开放后的德育课为例，不同时期的德育目标虽然历经变化，但其中的核心要求却有着相对稳定的一致性。

一、中国传统社会的德育目标

　　先秦儒家所确立的君子人格以及相应的德育目标构成了中国传统社会德育目标的基本内核。就个体层面而言，先秦儒家的德育目标是培育出具有理想人格的个体，即君子，而君子要在内在品格、外在行为、人际关系、社会责任四个方面达到很高的要求。[2]

　　内在品格以仁为基，诸德并举。仁的根本或本质在于孝悌，即孝顺双亲、敬奉兄长；以此为起点，仁的具体内容表现为爱人，即由爱父母兄弟渐扩至爱其他亲人、朋友及其他人；而在孝悌、爱人的过程中，要秉承两大原则，一曰"克己"，二曰"复礼"。除仁以外，君子还需要具备许多其他内在品格，如勇、智、信、忠、义、和等。

　　外在行为方面的要求是，行胜于言，约之以礼。这是对君子实践方面的要求，用孔子的话来说，就是恭、宽、信、敏、惠。"子张问仁于孔子。孔子曰：'能行五者于天下，为仁矣。'请问之。曰：'恭、宽、信、敏、惠。恭则不侮，宽则得众，信则人任焉，敏则有功，惠则足以使人。'"（《论语·阳货》）

　　人际关系方面的要求是，和而不同，立人达人。儒家一向重视忠恕之道。所谓"忠恕"，从浅层次或消极方面来说，是指"己所不欲，勿施于人"（《论语·卫灵公》）；而从深层次或积极方面来说，是指"己欲立而立人，己欲达而达人"（《论语·雍也》）。前者要求个体做到以己度人、将心比心；后者则期望个体可以待人如己，扮演榜样性角色，去理解、关怀、帮助他人。朱熹曾说："尽己之心为忠，推己及人为恕。"（《四书章句集注·中庸章句》）

　　社会责任方面的要求是，力行仁政，弘道殉道。儒家有强烈的入世精神，"士不可以不弘毅，任重而道远"（《论语·泰伯》），同时也具有"先天下之忧而忧，后天下之乐而乐"的民本意识和忘我精神。

二、中国改革开放后的德育目标

　　1978 年，教育部修订重新颁布的《全日制中学暂行工作条例（试行草案）》提到，要

---

[1]　傅琳凯：《中国古代思想政治教育史研究》，博士学位论文，东北师范大学，2011。
[2]　于洋：《先秦儒家的德育目标思想及其当代价值研究》，硕士学位论文，山东师范大学，2016。

培养学生具有爱国主义和国际主义精神，教育学生拥护中国共产党，拥护社会主义，立志为社会主义事业服务，为人民服务。

1981年颁布的《全日制五年制小学教学计划（修订草案）》把政治课改为思想品德课，要求紧密结合学生的思想实际，进行生动活泼的、初步的共产主义思想品德教育和形势教育。

1982年颁布的《全日制五年制小学思想品德课教学大纲（试行草案）》进一步明确小学思想品德课的教学目标是，使小学生初步具有共产主义道德品质和良好的行为习惯，立志做有理想、有道德、有文化、有纪律的劳动者，为把他们培养成为共产主义事业的接班人打下思想基础。

1986年颁布的《义务教育全日制小学、初级中学教学计划（初稿）》规定，小学统一开设思想品德课，进行以爱祖国、爱人民、爱劳动、爱科学、爱社会主义为中心的社会公德教育和社会常识教育，从小培育良好的思想品德和行为习惯。

这几份文件是确立思想品德概念和课程的重要起点，小学思想品德的内涵也得到了大致的确定。这种对思想品德的理解和定位基本上涵盖了个体作为社会成员所应该具备的各个层级的价值观念，与中国传统文化对道德的理解基本一致。

1988年，国家教育委员会发布的《小学德育纲要（试行）》明确指出："小学德育即学校对小学生进行思想品德教育。"关于培养目标是这样规定的："为提高整个中华民族的思想道德素质，培养学生初步具有爱祖国、爱人民、爱劳动、爱科学、爱社会主义的思想感情和良好品德；遵守社会公德的意识和文明行为习惯；良好的意志、品格和活泼开朗的性格；自己管理自己、帮助别人、为集体服务和辨别是非的能力，为使他们成为有理想、有道德、有文化、有纪律的社会主义公民，打下初步的思想品德基础。"1993年，国家教育委员会颁发《小学德育纲要》，明确小学德育的培养目标为："培养学生初步具有爱祖国、爱人民、爱劳动、爱科学、爱社会主义的思想感情和良好品德；遵守社会公德的意识和文明行为习惯；良好的意志、品格和活泼开朗的性格；自己管理自己、帮助别人、为集体服务和辨别是非的能力，为使他们成为德、智、体全面发展的社会主义事业的建设者和接班人，打下初步的良好的思想品德基础。"至此，学校德育目标又回归到培养社会主义事业的建设者和接班人。[①]

《义务教育道德与法治课程标准（2022年版）》规定："道德与法治课程要培养的核心素养，主要包括政治认同、道德修养、法治观念、健全人格、责任意识。政治认同是社会主义建设者和接班人必须具备的思想前提，道德修养是立身成人之本，法治观念是行为的指引，健全人格是身心健康的体现，责任意识是担当民族复兴大任时代新人

---

① 温玲：《当代我国中小学德育目标变迁及未来取向初探》，硕士学位论文，华东师范大学，2009。

的内在要求。"①

　　中国传统社会的德育目标与当代中国的德育目标保持了基本一致，即都把人看作社会、时代中的人，都把人应当担负的责任当作人之为人的基本要求。在这个意义上，中国当代的德育目标传承了中国传统社会一以贯之的关于做人的基本价值信念。

第三节
德育目标体系的初步建构

一、理论借鉴

　　上述德育目标表达了德育要最终达到的理想结果，具有方向性的指导价值，但因为过于宏观和抽象，无法为具体的德育实践提供具体的指导。德育当然需要这种宏观的、抽象的价值指向，但也需要更为具体的、操作性强的德育目标体系。

　　构建德育目标体系是当前德育理论研究的重要方向，鉴于国内相关研究成果不多，国外同行的研究成果就成为构建德育目标体系的重要参考，最有代表性的是布鲁姆的情感领域的教育目标分类学和加涅学习结果分类体系中的态度学习理论。

(一)布鲁姆的情感领域的教育目标分类学

　　布鲁姆关于情感领域教育目标的分类，是其在认知领域教育目标分类的基础上进行的拓展，算得上是这方面的开创性研究，为后继研究提供了重要基础和方向。虽然这一分类也存在较为明显的不足，集中表现在分类的依据以及相关的内容依然有较明显的认知色彩，情感的独特性并没有得以彰显，但其相关观点和结论依然值得关注与参考。

　　华东师范大学出版社 1989 年出版的施良方和张云高两位学者翻译的《教育目标分类学 第二分册 情感领域》、顾明远先生 1998 年出版的《教育大辞典》都对布鲁姆的情感领域的教育目标分类进行了介绍。

　　布鲁姆的情感领域的教育目标分类学认为，情感是内部成长的过程，也是内化或

---

　　①　中华人民共和国教育部制定:《义务教育道德与法治课程标准(2022 年版)》，5 页，北京，北京师范大学出版社，2022。

社会化的过程，情感领域教育目标分为五个阶梯式的发展水平。①

第一级，接受。其是情感学习的起点，培养学习者对提供的信息做出愿意接受的态度。其可分为三个亚类：其一，意识指学习者意识到某一情境、现象、对象或事态。与知识不同的是，这种意识不一定能用语言来表达。其二，愿意接受指学习者愿意承受某种特定刺激而不是去回避。其三，有控制的注意指自觉地或半自觉地从给定的各种刺激中选择一种作为注意的对象而排除其他的无关的刺激。例如，在众多的风俗习惯中辨认出特定地区的风俗习惯。

第二级，反应。其指对给定的信息做出反应，包括对该信息默许、愿意反应和在反应中得到满足三个层次。默许指学习者对某种外在要求、刺激做出反应，但是还存在一定的被动性。例如，愿意遵守某种风俗习惯。愿意反应指学习者对于某项行为有了相当充分的责任感并自愿去做。例如，感觉有义务去遵守某种风俗习惯。在反应中得到满足指学习者不仅自愿做某件事，而且在做了之后产生一种满足感。例如，因为遵守了某种风俗习惯觉得满意或高兴。

第三级，评价。其指开始对人际关系做出道德判断，包括对某种价值的默许、偏爱和信奉三个层次。对某种价值的默许，即接受某种价值。例如，觉得某种风俗习惯有一定道理。对某种价值的偏爱，即对某种价值的偏好，指不仅接纳某种价值，而且追求这种价值，并把这种价值作为自己的奋斗目标。例如，积极探索或维护某种风俗习惯。对某种价值的信奉指坚定不移地相信某种价值。例如，坚信某种风俗习惯的价值，致力于这种风俗习惯的推广。

第四级，组织。其指把各种价值按照其间的关系组成阶梯式的价值体系，包括把各种价值概念化和组成有系统的价值体系两个层次。价值的概念化，即通过使价值特征化，让各种价值能够联系在一起。例如，把握某种风俗习惯背后的人性假设。价值体系的组织指学习者把各种价值按照相对价值组成一个价值序列，并使这些不同的价值和同一价值内部形成有序的结构关系。例如，能够对各种风俗习惯进行分类和比较。

第五级，价值的性格化。情感的最高境界意味着把自身价值体系中的各种信念、品质和全部感情组合成总的哲学观，以形成性格的核心。其包括两个层次：一是概括化，不只是价值体系内化，而且在使用中类化，使其态度和行为始终如一；二是固定化，内化了的价值体系，完全成为个体人生哲学和世界观的组成部分，从而铸成品格。概括化即泛化，指的是一种在任何特定的时候都对态度和价值体系有一种内在一致的倾向性。例如，在诸多场合或诸多风俗习惯中，始终确信某种风俗习惯的价值和普遍性。固定化指外在价值已经内化为学习者的最深层的、整体的性格，包括他的世界观、

---

① ［美］D. R. 克拉斯沃尔、［美］B. S. 布卢姆等编：《教育目标分类学 第二分册 情感领域》，施良方、张云高译，198～208 页，上海，华东师范大学出版社，1989。

人生观等。例如，始终按照某种风俗习惯生活，并从中感受到意义。

(二)加涅学习结果分类体系中的态度学习理论

在加涅的学习结果分类体系中，没有道德学习这一结果，相关最密切的是态度学习。

关于态度的定义，加涅认为，态度是影响个体对人、对物、对事的行为的复杂的内部状态。按照加涅的理解，态度由三个成分构成，即认知、情感和行为。认知成分是指影响个体态度的认识状态。情感成分指与态度伴随的积极或消极的情感。行为成分指与态度相关的行为倾向或准备。

加涅还提出了态度学习的基本策略，即直接学习和间接学习，并论述了态度学习需要的相关条件。

直接学习，即在教学中利用正反馈或者负反馈，让学习者对刺激产生习得的情绪反应，从而影响其态度的形成与改变。当一种态度表达能够带来积极的情绪体验时，则该态度被固化或习得的可能性就会增大，如果这一态度表达能够经常性地带来积极的情绪体验，则该态度就被固化或习得。这些积极的情绪体验主要来自他人尤其是重要他人的认可、接纳、赞美等。当该种态度表达因为长时间多次出现均能获得正强化，学习者就可以进行自我控制而无须外部强化。当这种自我强化过程逐渐开始起作用的时候，便可以认为学习者已习得了这种态度。

间接学习，即观察学习。这一策略主要来自班杜拉的思想，即通过引导学习者学习和模仿周围人物来改变学习者的某种态度。

加涅认为，态度学习既需要学习者的智力、知识基础等内部条件，也需要榜样、情境、气氛等外部条件。①

二、德育目标的结构与层级

(一)德育目标的结构与层级概述

德育目标的结构指的是德育所希望达成的结果的内在成分，对个体而言，即特定思想品德构成要素。从心理学的角度看，思想品德构成要素主要包括四个方面，即道德认知、道德情感、道德意志和道德行为。因为意志与行为的密切关联，本文把二者合并为一个维度。层级则是指不同心理维度的发展水平以及综合发展水平。

---

① 黎加厚主编：《新教育目标分类学概论》，167~169 页，上海，上海教育出版社，2010。

1. 德育目标的认知维度与层级

根据认知加工深度，就特定道德现象或道德事实而言，德育目标的认知方面可以分为觉察、感觉、知觉、理解等几个层级。

2. 德育目标的情感维度与层级

按照情感唤起和情感卷入的程度，德育目标的情感方面可以分为无感、愉悦、高兴、兴奋、自豪等几个层级。

3. 德育目标的意志和行为维度与层级

根据频率、坚持性、情感的卷入程度，德育目标的意志和行为方面可以分为模仿、尝试、坚持、习惯、个性等几个层级。

(二)德育目标层级的意义

分类和分层不是一回事，分类是为了分解目标，更好地理解和执行目标；分层是为了更好地因材施教，更好地进行差异化教学。德育目标划分层级是为了适应个体的身心发展规律和个体差异，德育目标层级划分能够更合理地确定针对特定个体的道德发展具体目标，进而实施有针对性的德育引导方案。

综合认知、情感与意志和行为维度及其相应的层级，结合相关社会心理学的研究，结合德育目标和内容的特质，德育目标层级可以简单表述为对特定价值规范的理解、服从、认同和内化。以爱国为例，德育目标的层级大致应该为：其一，了解、理解祖国的光辉历史和灿烂文明，不断唤起积极的情感体验；其二，服从爱国的相关规范要求，如在国旗前敬礼、奏响国歌时肃立等；其三，认同爱国的相关规范，如认可爱国的重要性、对不爱国的行为表现出反感、在无人监督时依然能够表现出爱国言行等；其四，内化爱国规范，形成道德信念，在特定场景下能够深入体验和表达爱国情感，如立下为国读书的志向，并能够刻苦攻读。

(三)中国传统德育目标的层级

首先，儒家文化推崇只讲义务、不讲权利的美德。儒家文化基于对人以及道德的理解，把道德看作人之为人的基本点，把履行道德义务看作"义"，把"义"看作君子与小人的基本差异，造成了儒家文化不言利、耻于言利的传统，进一步发展成为不仅不言物质利益，而且也不顾及个人其他权利的状况。在对待国家、民族的问题上，儒家始终把无我、忘我作为道德修养的最高境界，把那些完全不顾及自己的利益，为国家、为民族无私奉献的人奉为道德英雄。"先天下之忧而忧，后天下之乐而乐"成为儒家文化理想人格的最好写照，"民胞物与""厚德载物"也一直是儒家道德修养孜孜以求的境界。

其次，儒家文化重视内在情感，把情感看作道德的前提条件。"在儒家看来，人首先是情感的存在……情感是人的最基本的存在方式或存在样式。"①相应地，儒家把情感作为道德的最直接、最稳固的基础。"仁者，爱人"，道德就是建立在"爱人"这种基本情感之上的。"恻隐之心，仁之端也；羞恶之心，义之端也；辞让之心，礼之端也；是非之心，智之端也"(《孟子·公孙丑上》)，缺乏这种情感，儒家认为就不是真正的道德。孟子甚至认为："无恻隐之心，非人也；无羞恶之心，非人也；无辞让之心，非人也；无是非之心，非人也。"(《孟子·公孙丑上》)正如李泽厚所言，"传统道德要求却是'内圣'之学，即强调个体的正心诚意修身齐家。……中国的这种'内圣'之学对个体提出的标准是做圣贤的道德最高要求"②。

儒家文化上述思想的深刻影响一直持续到现在。1995年颁布的《中学德育大纲》较多地体现了这种思想。例如，高中阶段的德育目标是这样表述的："热爱祖国，具有报效祖国的精神，拥护党在社会主义初级阶段的基本路线；初步树立为建设有中国特色的社会主义现代化事业奋斗的理想志向和正确的人生观，具有公民的社会责任感；自觉遵守社会公德和宪法、法律；养成良好的劳动习惯、健康文明的生活方式和科学的思想方法，具有自尊自爱、自立自强、开拓进取、坚毅勇敢等心理品质和一定的道德评价能力、自我教育能力。"高中阶段德育内容要点主要有：爱国主义教育、集体主义教育、马克思主义常识和社会主义教育、理想教育、道德教育、劳动和社会实践教育、社会主义民主观念和遵纪守法教育、良好个性心理品质的教育。

首先，胸怀天下的远大理想延续了古代教育传统，仍然把培养"修齐治平"的人才作为教育的主要目的，对个体政治方面的要求较多。其次，忽视个体权利的表述延续了君子耻于言利的传统，在目标中几乎没有提到个体权利，更多地强调责任与义务。最后，重视情感和动机等深度心理层面的要求，远离个体日常生活。

中国传统德育目标固然有其价值，但毫无疑问的是，这种德育目标或多或少忽视了基层目标和人性的现实，忽略了目标的循序渐进，过度强调和拔高了道德理想的价值。

三、基于《义务教育道德与法治课程标准(2022年版)》的德育目标体系的初步建构

中国德育理论和实践领域普遍认为当代中国的德育是所谓"大德育"。这种大德育的理念和概念用法一方面具有悠久的历史传承，另一方面也与当下中国的社会现实高度契合，具有其内在的历史逻辑和现实合理性。

---

① 蒙培元：《人是情感的存在——儒家哲学再阐释》，载《社会科学战线》，2003(2)。
② 李泽厚：《中国现代思想史论》，41页，天津，天津社会科学出版社，2003。

这种大德育范畴下的各部分内容要求不同、性质不同、内在规律和相应的教育策略不同，就导致了相关理论研究焦点和口径不同，以及相应的理论体系不同，也导致了德育实践领域决策的复杂和困难。

这一德育理论和实践困境的破局部分取决于对以下两个问题的思考。

首先，德育目标的底层逻辑是什么？能否以及如何统整德育目标中诸多方方面面？

其次，如何建立德育目标和个体生命感受之间的密切关联？如何使得德育目标这种外在的要求转化成个体的主动追求？当下的德育目标（包括中国传统文化中的德育目标）在一定意义上更多体现了国家、民族、群体对个体的规训或要求，更多是一种权力话语，而缺乏对个体生命的关照和现实生活的关切。

本书认为，当代德育目标虽然庞杂，但确有内在的逻辑关联和价值一致性。这种内在的逻辑关联就是这些目标都认同和维护特定的价值秩序。正如第二章所述，《义务教育道德与法治课程标准（2022年版）》中关于思想品德的规定性要求，内在地包含了一个基础性的价值秩序，即自我价值、他人价值、社会价值、国家价值以及天下价值。个体对这些价值的认同与维护就是思想品德要求的核心内容。

本书从两个维度，即内容维度和层级维度，构建出一个复杂且清晰的德育目标体系，如表4-1所示。

表4-1　德育目标体系

维度	自我价值	他人价值	社会价值	国家价值	天下价值
认知	生命的意义与价值。	公共生活中基本的道德要求和行为规范，明辨是非善恶。	社会规则和社会公德。	了解中国国情。	了解中华优秀传统文化的代表性成果。
情感	热爱生命、热爱生活。	团结友爱、尊老爱幼。	关心集体、社会和国家，具有主人翁意识。	热爱祖国。	热爱中国传统文化，敬畏自然。
意志和行为	积极向上、不怕挫折。	诚实守信。	主动承担对家庭、学校和社会的责任。	维护国家利益与安全。	关心时事，热爱和平，初步具有国际视野和人类命运共同体意识。

思想品德成长的核心是特定价值规范的内化和价值秩序的建立，是需要和感受基础上的特定价值体系的建构，这一过程可能包括以下层级。

第一，了解与关注（了解、理解相关知识，如阅读中国历史、了解人体结构、了解自然界的诸多系统等，这些知识是价值感受的前提）。

第二，价值感受与体验（通过特定途径，如参观、访问、互动等感受他人、社会、国家和自然的价值）。

第三，理性反思与确认价值（把多种渠道获得的知识和体验进行综合，确认相关价值）。

第四，价值维护与参与建设（采取实践行动维护特定价值，如友谊的价值、班级的价值等）。

值得注意的是，此处的层级划分是为了更深入地进行理论探讨，带有某种还原主义色彩的理论思辨，在德育实践或德育生活中，这种界限分明的划分未必就是准确的、合理的。在许多情况下，认知、情感、意志和行为三个维度是杂糅在一起的，难解难分。但这种划分可能对进一步具体化德育目标，增强德育目标以及相应的实践策略的针对性、可行性还是有所帮助的。

本章小结

德育目标体系的建立是当前德育理论研究和实践探索的重要内容。德育目标是德育活动所要达到的预期目的或结果。它具有应然规定性及理论根据和现实根据。中国传统社会的德育目标与当代中国的德育目标保持了基本一致。本章基于布鲁姆的情感领域的教育目标分类学以及加涅学习结果分类体系中的态度学习理论，结合《义务教育道德与法治课程标准（2022年版）》中对思想品德的规定性要求，介绍了德育目标的结构与层级，阐明了德育诸多内容之间内在的逻辑关联和价值一致性，构建出一个复杂且清晰的德育目标体系。

章后练习

一、名词解释

1. 德育目标。

2. 个人本位论。

3. 社会本位论。

4. 神学本位论。

5. 评价。

6. 组织。

7. 价值的性格化。

8. 德育目标的结构与层级。

二、简答题

1. 简述德育目标的应然规定性。

2. 简述德育目标的根据。

3. 简述先秦儒家的德育目标。

4. 简述布鲁姆的情感领域的教育目标分类。

5. 简述加涅学习结果分类体系中的态度学习理论。

三、思考题

如何理解德育目标体系？

延伸阅读

[美]D. R. 克拉斯沃尔、[美]B. S. 布卢姆等编：《教育目标分类学 第二分册 情感领域》，施良方、张云高译，上海，华东师范大学出版社，1989。

[美]R. M. 加涅：《学习的条件和教学论》，皮连生、王映学、郑葳等译，上海，华东师范大学出版社，1999。

顾明远主编：《教育大辞典》，上海，上海教育出版社，1998。

黎加厚主编：《新教育目标分类学概论》，上海，上海教育出版社，2010。

李泽厚：《中国现代思想史论》，天津，天津社会科学出版社，2003。

蒙培元：《人是情感的存在——儒家哲学再阐释》，载《社会科学战线》，2003(2)。

温玲：《当代我国中小学德育目标变迁及未来取向初探》，硕士学位论文，华东师范大学，2009。

于洋：《先秦儒家的德育目标思想及其当代价值研究》，硕士学位论文，山东师范大学，2016。

第五章
德育内容与课程

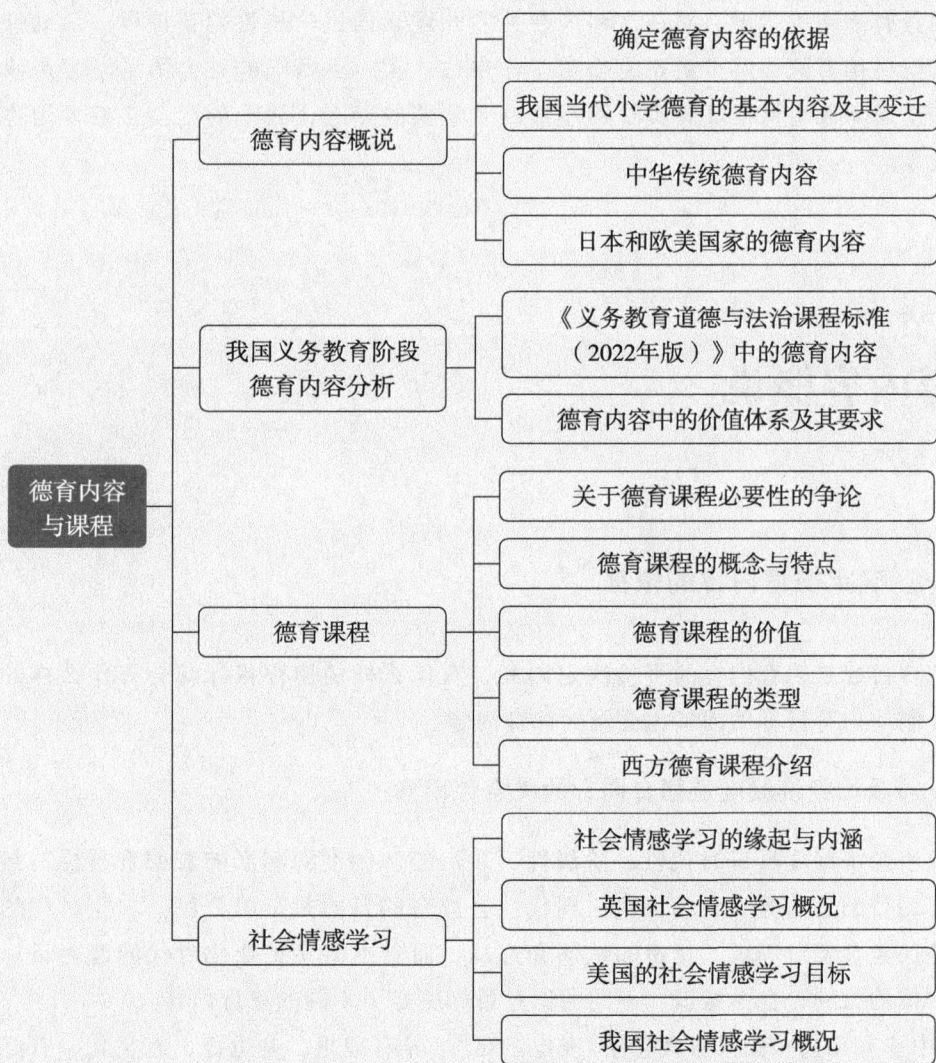

德育内容与课程
- 德育内容概说
  - 确定德育内容的依据
  - 我国当代小学德育的基本内容及其变迁
  - 中华传统德育内容
  - 日本和欧美国家的德育内容
- 我国义务教育阶段德育内容分析
  - 《义务教育道德与法治课程标准（2022年版）》中的德育内容
  - 德育内容中的价值体系及其要求
- 德育课程
  - 关于德育课程必要性的争论
  - 德育课程的概念与特点
  - 德育课程的价值
  - 德育课程的类型
  - 西方德育课程介绍
- 社会情感学习
  - 社会情感学习的缘起与内涵
  - 英国社会情感学习概况
  - 美国的社会情感学习目标
  - 我国社会情感学习概况

章前导语

德育内容是落实德育目标的有效载体，而德育课程是对学生进行思想品德教育的基本路径。自先秦以来，无论是理论研究还是实践探索，在德育内容方面有大量的优秀成果得以传承下来，为当代德育提供了丰富的滋养和借鉴。《义务教育道德与法治课程标准(2022年版)》关于核心素养和德育总目标的规定延续了中国传统文化关于德育内容的一贯理念，在政治认同、道德修养、法治观念、健全人格、责任意识五个方面对德育内容进行了较为细致和全面的论述。德育理论和实践领域应该对其中的内在关联和逻辑具有清晰的认识，并把这种内在关联和逻辑通过学科性德育课程、活动性德育课程和隐性德育课程落实到日常德育工作中去。英、美两国的社会情感学习为我们从新的角度思考德育课程及其实践路径提供了重要的参考，我国的社会情感学习也有了一定发展。

第一节
德育内容概说

一、确定德育内容的依据

德育目标是德育内容的直接决定因素，有什么样的德育目标就会有什么样的德育内容，制约德育目标的因素也会制约德育内容。

(一)政治经济制度是德育内容的决定性因素

政治经济制度具有时代性、阶级性，政治经济制度深刻影响着德育目标。封建社会教育的目的是培养顺从的臣民，现代社会教育的目的是培养公民。农业时代的德育目标往往包含着对等级、身份的认同和遵从，而资本主义工业化时代的德育目标更为重视个体的权利、自由意识。不同的德育目标决定了不同的德育内容。

《中华人民共和国义务教育法》规定，要"培养有理想、有道德、有文化、有纪律的社会主义建设者和接班人"。这是具有典型中国当代特色的德育目标，这一目标是由当代中国特定的政治经济制度所决定的。

(二)历史文化传统是德育内容的重要来源

自先秦以来,儒家文化就是中国传统文化的主流。相应地,儒家文化思想全面、深入地渗透进各个时代的德育内容中,仁、义、礼、智、信等的影响一直持续到当代。而在以基督教文化为核心的西方文化场域下,自由、秩序等直到当代仍然是欧美国家德育的重要内容。

(三)学生的年龄及心理特征决定了德育内容的深度和广度

学生的心理发展水平决定了学生能够接受何种容量和性质的德育内容。对于以形象性思维为主的小学生而言,由于其生活经验的限制,难以理解较为抽象和宏大的德育内容,如价值观教育、人生理想教育等。相对而言,基于生活经验和理解能力的日常行为规范教育、心理健康教育等才是恰当的小学生德育内容。

二、我国当代小学德育的基本内容及其变迁

我国在 1988 年发布的《小学德育纲要(试行)》中,对小学的德育内容有统一的规定。《小学德育纲要(试行)》规定的具体德育内容主要有以下十条:热爱祖国的教育,热爱中国共产党的教育,热爱人民的教育,热爱集体的教育,热爱劳动、艰苦奋斗的教育,努力学习、热爱科学的教育,文明礼貌、遵守纪律的教育,良好的意志、品格教育,民主与法制观念的启蒙教育,辩证唯物主义观点的启蒙教育。

1992 年,我国颁布了《九年义务教育全日制小学思想品德教学大纲(试用)》。大纲从热爱祖国、热爱共产党、热爱人民、热爱集体、文明礼貌和遵纪守法、努力学习和热爱科学、热爱劳动和艰苦奋斗、保持良好品格、辩证唯物主义观九个方面规定了德育内容。

2000 年以来,我国德育内容发生了较大变化,有学者把这些变化归纳为以下几个方面。

第一,重视公民法治教育。2002 年 2 月,《中宣部、全国妇联、共青团中央、教育部、环保总局、广电总局关于实施中国"小公民"道德建设计划的通知》发布,将公民教育纳入中小学德育工作的范畴。2016 年 4 月,教育部发布通知,从 2016 年起,将义务教育小学和初中起始年级的课程教材统一改为"道德与法治"。"道德与法治"课程明显突出了对法治教育的重视。

第二,关注学生身心健康教育。根据 2011 年新修改颁布的课程标准,学校德育课程强调要加强学生的生命教育,通过开展积极的实践活动,让学生认识到生命教育的重要性、爱惜生命、尊重生命,与大自然和谐相处,做一个积极健康、富有责任感的

合格公民。

第三，社会主义核心价值观教育是时代新内容。2017年教育部基础教育司组织编写的《中小学德育工作指南实施手册》明确要求，"引导学生牢牢把握国家层面的价值目标——富强、民主、文明、和谐，深刻理解社会层面的价值取向——自由、平等、公正、法治，自觉遵守公民个人层面的价值准则——爱国、敬业、诚信、友善，将社会主义核心价值观内化于心、外化于行"①。

第四，生态文明教育成为新时期主题。2017年教育部基础教育司组织编写的《中小学德育工作指南实施手册》也有这方面的明确要求，"引导学生了解祖国的大好河山和地理地貌，认识大自然，学会与大自然和谐相处；树立尊重自然、顺应自然、保护自然的发展理念，按照自然规律办事，增强保护环境的自觉性；知道人与自然应该构建和谐共生、良性循环、持续发展的自然伦理形态，树立可持续发展观念，养成勤俭节约、低碳环保、自觉劳动的生活习惯，形成健康文明的生活方式"②。

三、中华传统德育内容

(一)仁、义、礼、智、信的五德体系③

仁、义、礼、智、信五德是老子提出的。五德体系是道家思想与儒家思想共构的一种美德体系，构成了中华道德文化的主体框架。

后代儒家在五德的基础上，发展出了孝、悌、忠、信、礼、义、廉、耻八维德性，其中礼、义、廉、耻被称为四维。"非礼勿视、非礼勿听、非礼勿言、非礼勿动"(《论语·颜渊》)是孔子提出的四个基本行为守则。"恻隐之心，仁之端也；羞恶之心，义之端也；辞让之心，礼之端也；是非之心，智之端也"(《孟子·公孙丑上》)则是孟子提出的四端。

(二)中国传统德育的特色④

概括地讲，中国传统德育体现出以下特色。

1. 启迪人的道德觉悟，使人视德为精神营养

中国传统文化的许多典籍中都把德看作人之为人的核心特质。比如，"天之在我者德也，地之在我者气也。德流气薄而生者也"(《黄帝内经》)；"重积德则无不克"(《道德

① 教育部基础教育司组织编写：《中小学德育工作指南实施手册》，28页，北京，教育科学出版社，2017。
② 教育部基础教育司组织编写：《中小学德育工作指南实施手册》，34页，北京，教育科学出版社，2017。
③ 刘慧、李敏等：《小学生品德发展与道德教育》，56～57页，北京，高等教育出版社，2015。
④ 刘慧、李敏等：《小学生品德发展与道德教育》，222～223页，北京，高等教育出版社，2015。

经》）；"君子以厚德载物"（《周易》）；"积善之家，必有余庆"（《周易》）；"道也者，不可须臾离也，可离非道也"（《礼记·中庸》）。这些经典论述普遍把德视为最重要的精神营养以及最重要的财富。

2. 使人尊道贵德，树立道德信仰

道德在中国传统文化语境中，不仅具有规范的含义，而且是一种人生意义和价值的来源。比如，"朝闻道，夕死可矣"（《论语·里仁》）；"天命之谓性，率性之谓道，修道之谓教"（《礼记·中庸》）；"大学之道，在明明德，在亲民，在止于至善……物有本末，事有终始，知所先后，则近道矣……自天子以至于庶人，壹是皆以修身为本"（《礼记·大学》）。中国传统道德文化在三个层面上为人们提供信仰支撑：善恶因果层面的对制度正义的信任和渴望（日常生活中公平、正义的依据）；社会安定层面的对礼的需要（内圣外王、天下太平的基础）；精神超越层面的道德信仰（青史留名、万古流芳、安顿心灵的基本路径）。

对德的信仰既能够为日常生活中的善恶问题提供依据，也能够对社会安定、天下太平提供支撑，还能够为人的生命意义感受提供情感寄托。

四、日本和欧美国家的德育内容

（一）日本小学德育内容[①]

1977 年 7 月，文部省颁布的《日本小学道德课教学大纲》提出，小学德育内容由三个方面 28 个项目组成。第一，关于日常生活中的基本行为规范，包括 3 项：尊重生命和健康安全，礼貌与遵守时间，钱物的使用。第二，关于个人的生活态度，包括 13 项：自主自律，自由与责任，明朗与诚实，正义与勇气，克服困难，反省、节制，爱护自然，虔敬，重视个性，进取心，合理的态度，追求真理，创新精神。第三，关于对社会生活的基本态度，包括 12 项：热情、同情，尊敬、感谢，信赖、合作，公正、公平，宽容、遵守纪律，权利与义务，勤劳，社会公德，家庭生活，热爱学校，爱国心与乡土爱，国际理解与人类和平。

《日本小学德育指导纲要》把德育内容分为四个层次：关于自己，关于他人，关于自然与崇高的事物，关于集体与社会。《日本小学德育指导纲要》的内容内在逻辑构成体系如图 5-1 所示。[②]

---

① 李晓红：《中日小学德育内容比较分析》，载《江西社会科学》，2002(12)。
② 罗越娟：《我国中小学德育目标和内容的比较思考》，载《教学与管理》，2008(16)。

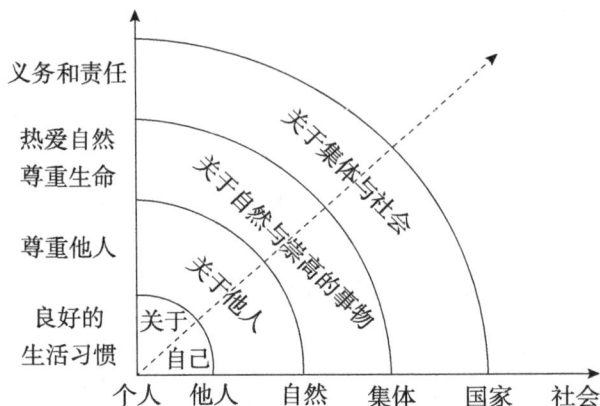

图 5-1 《日本小学德育指导纲要》的内容内在逻辑构成体系

坐标以个人为基点，纵坐标表示德育的个人价值取向，其突出了个人良好的生活习惯和关心、尊重、敬畏生命，最后才是国家与社会的义务和责任。横坐标以个人为核心，展现出个人与自己、与他人、与自然、与集体、与国家、与社会的递进关系，一步一步向外扩展。由此可见，日本的德育目标取向和内容架构是以个人为起点的，分别提出个人与自己、与他人、与自然、与集体、与国家、与社会相处时的不同价值取向，呈现出"同心圆"的特点。

(二)欧美国家学校的德育内容①

从总体上看，在培养合格公民的总目标引领下，宗教教育、政治教育、价值观教育、道德教育等成为欧美国家学校德育的重要内容。

1. 宗教教育

宗教教育是美国学校德育的一项重要内容，许多价值观和道德规范均出自宗教教义。20 世纪以来，为了避免教派冲突对学校德育的干扰，美国政府强调学校德育的世俗化，将德育与宗教分离，在公立学校取消宗教课。但由于美国有大量的私立学校，私立学校大部分都有教会背景，因此私立学校中的宗教教育延续了下来。私立学校往往根据各自教会的教义进行宗教教育，并且将宗教教育的大量内容渗透到其他学科之中。

英国学校仍然沿袭在学校开设宗教课的传统，学校的宗教课由教会负责，宗教教师由教会派遣，对学生进行以宗教为核心的道德教育，通过宗教教育陶冶学生的精神人格。

2. 政治教育

政治教育主要包括公民教育和爱国主义教育两个方面的内容。

---

① 李霞：《中外德育比较研究》，247～257 页，武汉，湖北人民出版社，2009。

(1)公民教育。所谓公民教育，就是使社会成员明确公民的权利和义务的教育。公民教育的目的是，培养年幼一代具有本国的社会制度所要求的遵纪守法的观念和行为，使之成为忠诚于、服务于国家的合格公民。

美国、英国、法国、德国、瑞士、丹麦等学校均设置了公民教育课程，公民教育成为学校德育的重要内容。1916 年，美国全美教育协会就公民教育的内容、形式和课程设置等向全国学校提出了《社会研究课程体系》的报告，该报告成为美国现代公民教育形成的重要标志。目前，全美学校已经形成了以《宪法》《独立宣言》《解放黑人奴隶宣言》等经典文献为理论依据的完整的公民教育内容体系。

(2)爱国主义教育。爱国主义教育是政治教育的另一主要内容，主要包括历史教育、国情教育、传统文化教育和国家成就教育等具体内容。通过历史教育，学生了解了国家的历史；通过国情教育，学生了解了国家的现实；通过传统文化教育，学生了解了国家的传统文化；通过国家成就教育，学生了解了国家的建设成就，激发了优越感和自豪感。

3. 价值观教育

重视价值观教育，是欧美国家学校德育的重要特色。

美国学校价值观教育以资产阶级的个人主义为核心。在核心价值观的主导下，学校价值观教育的具体内容包括信赖、责任、公平和关怀等。其中，信赖包括诚实、勇敢、守信和忠诚。责任包括做自己应做的事，尽自己应尽的义务。公平包括尊重所有人的价值和权利，促进人与人之间的平等，处事正直，能与具有不同价值观的人合作共事。关怀包括关心他人和关心自己，与人为善、乐于助人、宽宏大量，对他人的需要具有一定的敏感性，具备一定的移情能力，能够换位思考等。

4. 道德教育

道德教育是形成人们一定的道德意识与道德行为的教育。欧美国家学校道德教育的重点是培养学生良好的道德品质。就内容而言，欧美国家小学德育主要是进行私德教育，中学德育主要是进行公德教育，大学德育主要是进行职业道德教育。

美国学校的道德教育主要是进行诸如诚实与勇敢、公正和正直、自爱自律、勤奋刻苦、忠诚守信以及宽宏大量等道德品质教育。法国学校道德教育的基本内容分为三类：第一类是个体的道德规范，第二类是职业道德规范，第三类是个体自觉基础上的道德训练。

第二节
我国义务教育阶段德育内容分析

一、《义务教育道德与法治课程标准(2022年版)》中的德育内容

《义务教育道德与法治课程标准(2022年版)》课程目标中的总目标是课程目标中核心素养的具体化,总目标的五个方面与核心素养的五个方面是一一对应关系,总目标五个方面的相关表述就是具体的德育内容。除此之外,从个体心理要素的角度看,相关表述又可以细分为认知、情感以及意志和行为三个方面的要求。具体内容如下所述。

(一)政治认同

第一,认知要求。能够初步了解中国的基本国情、中华优秀传统文化的主要代表性成果,了解中国共产党的历史和革命传统、改革开放和中国特色社会主义的伟大成就,汲取党史、新中国史、改革开放史、社会主义发展史所蕴含的精神力量。

第二,情感要求。热爱伟大祖国、中华民族、中华文化、中国共产党和中国特色社会主义,为自己是中国人而自豪。

第三,意志和行为要求。具有维护民族团结的意识,能够把个人发展和国家命运联系起来,维护国家利益和安全;能够理解社会主义核心价值观的内涵及其重要意义,并在社会生活中自觉践行;能够以实现中华民族伟大复兴为己任,增强做中国人的志气、骨气、底气,不负时代,不负韶华,不负党和人民的殷切期望;关心时事,热爱和平,初步具有国际视野和人类命运共同体意识。

(二)道德修养

第一,认知要求。能够了解个人生活和公共生活中基本的道德要求和行为规范,形成初步的道德认知和判断,能够明辨是非善恶。

第二,情感要求。无。

第三,意志和行为要求。能够在日常生活中践行诚实守信、团结友爱、尊老爱幼等基本的道德要求;通过体验、认知和践行,养成良好的道德品质。

(三)法治观念

第一，认知要求。能够具有基本的规则意识和安全意识，理解宪法的意义，知道与学生生活密切相关的法律，能够初步认识到法律对个人生活、社会秩序和国家发展的规范和保障作用。

第二，情感要求。形成宪法法律至上、法律面前人人平等观念和权利义务相统一观念。

第三，意志和行为要求。遵守规则和法律规范，提高自我防范意识，掌握基本的自我保护方法，预防意外伤害，养成自觉守法、遇事找法、解决问题靠法的思维习惯和行为方式，初步具备依法参与社会生活的能力。

(四)健全人格

第一，认知要求。能够正确认识生命的意义和价值，树立正确的合作与竞争观念。

第二，情感要求。珍爱生命，热爱生活；初步具有自尊自强、坚韧乐观的心理素质和道德品质；具有理性平和的心态。

第三，意志和行为要求。能够建立良好的同伴关系、师生关系和家庭关系，具有团队意识和互助精神；具备积极向上、锐意进取的人生态度，能够适应变化，不怕挫折。

(五)责任意识

第一，认知要求。无。

第二，情感要求。能够关心集体、社会和国家，具有主人翁意识、责任感和集体主义精神。

第三，意志和行为要求。主动承担对自己、家庭、学校和社会的责任，自觉维护祖国统一和国家安全；能够主动参与志愿者活动、社区服务活动，具有为人民服务的奉献精神，勇于担当；能够遵守社会规则和社会公德，依法依规有序参与公共事务，具有公共意识和公共精神；敬畏自然，保护环境，形成人与自然生命共同体的意识。

二、德育内容中的价值体系及其要求

德育总目标五个方面的内容分别指向特定的价值。

政治认同指向的是国家、民族价值。中国传统文化向来有家国天下的情怀，这种情怀可以理解为一种责任意识，即把国家、民族的兴衰与个人命运紧紧联系在一起，把国家、民族价值置于个人生活和生命价值之上。在当代中国，国家、民族价值是通过政治制度价值和政党价值体现出来的，即社会主义制度和中国共产党的领导。与此同时，这种价值也体现在对历史和传统文化价值的理解与认同上，对传统文化的自信、对社会主义道路的自信等都是国家、民族价值认同的自然结果和集中体现。

道德修养指向的是社会关系价值，这种价值既包括他人的个体价值，也包括自我与他人的关系价值。这种价值是基于对他人、家庭、群体的价值感受而产生的，对这种价值的维系是通过尊重各种道德规范，如诚实守信、团结友爱、尊老爱幼等实现的。

法治观念指向的是社会公共生活价值。社会公共生活是人们在社会互动环境中相互联系、相互影响的共同生活，是人的社会属性的主要来源，也是人之为人的自我彰显。社会公共生活价值是通过包括宪法在内的相关法律得以体现和维系的。法律保障了社会利益，是社会公共生活得以顺利开展的前提和基础，也是社会成员自身利益的界限和保障。在这个意义上，法治观念是个体参与社会公共生活、维系社会公共生活价值的前提和基础。

健全人格指向的是个体的自我价值，包括对自身生理、心理、人格和精神价值的理解、认同与内化。个体的自我价值既表现在自我认识和自我态度上，如珍爱生命、自尊自强，也表现在与他人的关系中，如建构良好的人际关系，并在人际关系中，确证自我和他人的独立人格价值与相应权利。

责任意识指向的是个体对自我、对他人、对社会关系和社会公共生活以及对国家、对天下、对自然的责任。这种责任是建立在个体对上述诸多方面的价值认同基础之上的，个体还要自觉、主动地参与相关活动和社会公共生活，并在此基础上与他人、社会乃至自然结成命运共同体。

概括地说，《义务教育道德与法治课程标准（2022年版）》中包含以下德育内容。

第一，认同和维护个体及其自我价值，包括自身生理价值、心理价值、人格价值、精神价值。

第二，认同和维护他人与社会关系价值，包括伦理亲情（家庭）价值、他人（同伴、同学等）价值、群体（班级、组织等）价值。

第三，认同和维护族群与历史文化价值，包括民族价值（民族认同、民族自豪感等）、文化价值（文化认同、文化自信、文化自豪感等）、国家价值（政治、政党价值等）。

第四，认同和维护天下价值，包括和平与生态环境价值、人类共同繁荣价值。

德育总目标五个方面的价值具有内在的关联。从这个角度看，德育过程的本质是帮助受教育者以其自然或先天价值感受为基础，不断扩展价值感受和价值体系，不断把更大范围的对象，包括他人、群体和自然等纳入价值体系之中，不断增强对相关对象的价值认同，不断增强维系相关价值的责任担当意识，并形成相应的习惯和个体心理特征。

第三节
德育课程

一、关于德育课程必要性的争论

关于德育是否可以作为一门课程进行开设的问题，教育界曾经有不同的观点和争论。肯定的观点认为，通过开设德育课程，能够达到培养学生良好思想品德之目的。否定的观点认为，将德育作为一门课程来开设，在理论上是错误的，在实践中是不道德的。因为任何道德价值都是经验的产物，因而是个人的、相对的，每个人都有选择的权利，不应该把某种价值观念强加给别人。折中的观点认为，德育课程的教学与尊重学生的自主权利并不矛盾。当今世界各国的主流观点是对开设德育课程持肯定的态度的。[1]

就西方世界而言，从 20 世纪初至今，学校德育课程经历了从肯定到否定再到否定之否定的曲折发展历程，即从品格教育到反对灌输、强调价值中立，再回归到品格教育的发展历程。20 世纪 60 年代以来，世界各国重新审视学校开设德育课程的必要性和重要性，如美国专门成立了品德教育研究所，英国成立了《英国品德教育课程大纲》编写委员会，法国组建了公民课程编写委员会，德国在宗教课程之外开设了社会科课程。在东方世界，日本颁布了道德学习指导法；新加坡和马来西亚分别成立了道德教育机构，规定在学校开设相应的德育课程。[2]

美国的杜威对德育课程持否定态度，他认为不应简单地把道德教育作为一门课程，向学生灌输某些固定的、具体的道德规范和道德观念，形成无休止的说教，而应将德育与所有课程结合起来。由此，美国在 20 世纪 20—50 年代曾经出现了否定学校德育课程教学的思潮。加州教育主管部门在调查学校德育状况时发现，近半数的高中没有德育大纲，80％的高中没有列出供教师使用的德育资料，80％的学校没有制定德育规定，结果在青少年中出现了普遍的精神失落、困惑、矛盾的现象。20 世纪 70 年代，经过理论与实践反思，美国道德教育学院研究和编制了一套德育课程，在美国五个大城

---

① 李霞：《中外德育比较研究》，193 页，武汉，湖北人民出版社，2009。
② 李霞：《中外德育比较研究》，215～217 页，武汉，湖北人民出版社，2009。

市进行了历时 10 年的实验，并于 1986 年正式推广。现在美国许多公立学校重新设立了德育课程。[1]

二、德育课程的概念与特点

《教育大辞典》对课程是这样界定的，课程即"为实现学校教育目标而选择的教育内容的称谓"[2]。关于德育课程概念的界定，班华认为："德育课程，是具有育德性质和功能因而对受教育者思想品德发展有影响作用的教育因素，是整个教育课程的有机组成部分。"[3]这种观点侧重于德育课程的目的方面。檀传宝认为："德育课程是道德教育内容或教育影响的形式方面，是学校道德教育内容与学习经验的组织形式。一般说来，德育课程包括直接的德育课程、间接的德育课程和隐性德育课程三个方面。"[4]这种观点更为关注德育课程的形式方面。

本书认为，德育课程是为了实现德育目标而选择具体的德育内容及其组织形式进行教育的课程。当前我国的德育课程主要是一种德目主义模式的课程，即把人们经过多年生活经验积淀和验证而得来的一些道德品质与规范以德目的形式固定下来，编成教科书，通过教师的系统传授而达到道德教育的目的。[5]

与其他学科的课程相比，德育课程具有许多不同之处。首先，在教育目标和对教育目标的反映方面。德育课程的目标在于价值观念的确立、态度的改变以及正确的道德信念和行为方式的形成。由于德育目标的较高要求，也由于情感、态度、信念等目标因素本身的复杂性，德育课程的设计相比其他学科课程的设计难度较大、挑战性较强。其次，在对学习主体的尊重方面。学校德育的价值和主观色彩使学习主体的积极性之于教育过程的重要性被提高到了无与伦比的高度。如果没有对学习主体的了解与尊重，就不可能取得应有的效果。应该说，这是德育课程最根本的特色之一。再次，在教育内容和教育内容的计划与安排方面。德育课程既要诉诸认知的因素，更要通过情感、意志和行为去实现。所以，综合课程、活动课程、隐性课程等与社会、家庭生活的连接在德育课程体系及其研究中占有十分重要的地位。最后，在教育活动，尤其是学习活动的方式方面。德育绝非仅靠直接讲授就能奏效，德育课程应当认同更多的道德学习的方式和途径。[6]

---

① 尧新瑜：《道德课程论》，46 页，徐州，中国矿业大学出版社，2007。
② 顾明远主编：《教育大辞典》上卷，892 页，上海，上海教育出版社，1998。
③ 班华主编：《现代德育论》，130 页，合肥，安徽人民出版社，1996。
④ 檀传宝：《德育原理》，191 页，北京，北京师范大学出版社，2017。
⑤ 刘黔敏：《德育学科课程：从理念到运行》，博士学位论文，南京师范大学，2005。
⑥ 檀传宝：《德育原理》，193～194 页，北京，北京师范大学出版社，2017。

德育课程的特殊性在于，德育课程的目标是个体特定价值体系或秩序的建构，而这种价值体系或秩序建构的本质是个体在价值感受的基础上，对特定价值及其规范认同和内化，从而形成对特定对象的特定态度。德育课程的重心不在于特定的知识传授，而在于特定的价值传承或情感习得。

德育过程关注的主要问题是，如何促成特定的价值感受的产生，进而在此基础上建构起特定的价值秩序或情感秩序。

三、德育课程的价值

关于德育课程必要性的争论，从侧面反映出，关于如何促进学生思想品德成长的学校教育路径是有争议的。许多学者并不相信学校德育课程具有德育价值，因此学校德育课程首先必须为自己的存在价值辩护，必须为学校德育课程的合法性提供充分论证。

传统课程观更多把课程等同于知识。在这种课程观下，仅仅以理性层面的知识体系加上相应的道德说教的确很难促进学生思想品德的发展。但如果把课程理解为经验，理解为学生的生存和生活背景，课程之于学生思想品德成长的价值就明了许多了。德育课程的核心就是如何通过呈现、组织、整合各种知识、经验等课程要素，促进学生思想品德成长。

德育课程的价值体现在以下几个方面。

首先，德育目标和内容中有一部分属于认知领域，如关于中国文化的知识、关于生命的知识、关于人际关系的知识等，这些知识本身内在地包含着价值。德育课程可以通过呈现相关知识潜移默化地传递特定的知识倾向。

其次，通过提供对特定价值秩序的解释，帮助学生建构自己的关于价值秩序的理解和解释框架。比如，通过呈现对中国近代历史发展过程的解释，通过对特定人际关系困境的分析与解释，帮助学生建构理解和解释特定价值规范的框架。

最后，围绕德育目标开展的各种活动课程和隐性课程对学生的思想品德发展的影响更为全面和深入。换言之，不能仅仅把德育课堂、德育教材看作德育课程，更应该把学生思想品德成长的相关因素看作德育课程，甚至是德育课程的主体。在这个意义上，德育课程弥散于学校场域的各个角落和各个时段，学校场域的所有因素和流程都属于德育课程的范畴。所谓"全员育人""全过程育人""全方位育人"等就是在这个意义上提出的。

四、德育课程的类型

德育课程一般可以划分为三种类型：学科性德育课程、活动性德育课程和隐性德育课程。

第一，学科性德育课程。学科性德育课程又称为认知性德育课程，是学校德育课程体系中直接传授相关知识、观念、理论，以促进受教育者道德认识、观念乃至道德情感、意志和行为形成与发展的正规课程和基础性课程。

开设学科性德育课程是我国近代以来的传统，清政府在 1902 年就已经要求开设修身课，1923 年民国政府要求开设公民课，1950 年新中国要求开设政治课，当下中小学正在开设道德与法治课。

学科性德育课程因为其特有的学科属性，具有思想性、系统性、计划性、直接性等特征，成为我国中小学德育课程的基本形式。

第二，活动性德育课程。活动性德育课程是指以学生的兴趣、需要和能力为基础，利用校内外的教育资源，通过学校组织或学生自己组织的一系列活动，旨在增进学生的道德认知和实践能力，改善其道德生活而实施的德育课程。

《教育大辞典》将活动课程定义为："活动课程亦称'儿童中心课程'、'经验课程'、'生活课程'。一种以儿童为中心的课程。以活动作为全新的组织要素，打破各个割裂的知识壁垒。"[①]朱小蔓在其主编的《中小学德育专题》一书中认为，德育课程"是指从学生的兴趣和需要出发，以学校或学生自我组织的有计划的实践活动为中心，旨在进一步提高学生的道德认识和思维能力，丰富道德体验，锻炼意志，践履道德，促进道德行为习惯养成而设计的课程"[②]。

杜威高度重视经验对学生发展的重要性，"细心考察一下学校教育中永远成功的教学方法，无论是算术、阅读、地理、物理或外国语的教学，将会表明这种教学方法所以有效，全靠它们返回到校外日常生活中引起学生思维的情境。它们给学生一些事情去做，不是给他们一些东西去学；而做事又是属于这样的性质，要求进行思维或者有意识地注意事物的联系，结果他们自然地学到了东西"[③]。活动性德育课程关注的是学生的日常生活经验。鉴于思想品德发展的特殊性，学生的日常生活经验是其思想品德成长的基本渠道。

对小学生而言，其具有特定的心理发展水平和规律，活动性德育课程因为与日常

---

① 顾明远主编：《教育大辞典》上卷，619 页，上海，上海教育出版社，1998。
② 朱小蔓主编：《中小学德育专题》，108～109 页，南京，南京师范大学出版社，2002。
③ 赵祥麟、王承绪编译：《杜威教育论著选》，182 页，上海，华东师范大学出版社，1981。

生活背景的一致性和关联性，在其思想品德发展中具有更大的作用，因此活动性德育课程理应成为促进小学生思想品德发展的主导课程。

第三，隐性德育课程。隐性德育课程是指在学校情境中以间接和内隐方式呈现的、对学生的思想品德发展能够产生一定影响的德育课程。在隐性德育课程中，学生在学校场域中通过非正式的、无意识的方式获得学习经验。

《国际教育百科全书》中的相关词条是这样表述的："潜（隐性）课程就是那些没有在课程计划或学校政策中显现，但却是学校教育实践和教育结果中必不可少且有效的组成部分。作为潜课程的那些教育实践，包括能力分组、师生关系、课堂规则与程序、隐喻的教材内容、学生性别差异、班级奖励方式等等。"①

靳玉乐将隐性课程定义为："学校通过教育环境（包括物质的、文化的和社会关系结构的）有意或无意地传递给学生的非公开性教育经验（包括学术的与非学术的）。"②

中外学者们之所以对隐性德育课程如此关注，主要是因为隐性课程与德育的密切关联。德育的主要目的是促进学生的思想品德成长，而思想品德成长仅仅有认知基础是远远不够的，还需要日常生活中他人尤其是重要他人的示范与熏陶以及周围环境的情绪感染和引领等。这些是隐性德育课程的特点和长处。

檀传宝认为，隐性课程最大的优势在于它的作用方式是间接和潜在的，可以避免直接、显著的德育课程可能导致的逆反心理。隐性课程具有真正的"诱导"特性。③ 学校场域中的校园环境、教师形象、班级风气、学校文化等都可能对学生的思想品德产生影响，都可能在无意识当中、以难以觉察的方式发挥作用。桃李不言，下自成蹊，无言之教有时要比喋喋不休高明不知多少。

五、西方德育课程介绍

（一）美国德育课程概况④

在强调人的个性自由和全面发展的教育思想指导下，美国学校设置了德育课程。德育课程的根本任务在于培养负责任和可信赖的国民。德育课程的目标是通过向学生传授积极的价值观，提高学生的自尊心和自信心，加强学生的自律意识和自我修养。德育课程设置的特点表现为自主性强、课程数量多、内容覆盖面广。由于美国的教育体制不是中央集权制而是地方分权制，因此德育课程的设置由各州和各校自行决定，

---

① 冯钰：《小学隐性德育课程的设计研究》，硕士学位论文，天津师范大学，2007。
② 转引自靳玉乐：《潜在课程论》，33～34 页，南昌，江西教育出版社，1996。
③ 檀传宝：《德育原理》，213 页，北京，北京师范大学出版社，2017。
④ 李霞：《中外德育比较研究》，217～219 页，武汉，湖北人民出版社，2009。

德育课程及相关的教学大纲和教材在各州和各校都不尽相同。但是各州和各校的德育课程在多样性之中体现了统一性，在不同的课程名称中包含着共同的价值观。当前，美国的公立学校几乎全部开设了独立的德育课程。

美国学校的德育课程一般分为三类：学科性德育课程、活动性德育课程和隐性德育课程。学科性德育课程有两种形式：一是在私立学校中设置的宗教课程，这门课程除了讲解宗教教义以外，还密切联系学生的生活实际，把价值观教育和道德观教育融入其中；二是公民学课程，这门课程是 20 世纪 70 年代以后解决学校的德育危机、培养合格公民的新决策，是在全美各学校逐渐普及的新课程。活动性德育课程主要有家庭俱乐部活动、校园文化活动和学生会活动等。活动性德育课程比较典型的形式是班会。班会的主要形式有漫谈式班会、教育诊断式班会和解决社会问题式班会。漫谈式班会，即通过形式自由、畅所欲言的思想和经验的交流，激发学生独立分析问题的能力。教育诊断式班会是教师了解学生对德育课程内容的掌握情况，以便开展具有针对性的教学。解决社会问题式班会是通过讨论社会的热点问题，提高学生分析和解决社会问题的能力，从而形成社会参与意识和社会责任感。隐性德育课程主要是指非德育学科课程，即存在于其他学科课程之中的德育渗透教育，如历史教育课程、通识教育课程、地理教育课程、经济学教育课程、社会科课程等。这类课程对学生具有思想政治教育的功能。

(二)欧洲各国德育课程概况[①]

欧洲各国的德育课程主要有社会科和公民教育等课程。以英国为例，英国德育课程包括宗教必修课程和道德选修课程。英国德育课程最突出的亮点体现在其德育教材之中，即由英国道德教育家麦克菲尔组织牛津大学和剑桥大学的两个道德机构所编写的供小学使用的《起跑线》和供中学使用的《生命线》。从教材的编排上看，该套教材紧密贴近学生的生活实际，因而很容易被学生接受。该套教材吸引了学生的眼球，引起了学生的兴趣，受到了教师和学生家长的广泛欢迎。该套教材不仅在英国广泛流行，还以各种文字出版，流传到全欧以及北美。

法国学校的德育课程讲授国家的政治制度、基本价值观、法律知识以及法国在世界事务中的地位和作用等。法国在小学开设公民与道德课程，在初中、高中开设公民课程。德国学校的德育课程以宗教课程为核心课程，同时开设伦理科和社会科等课程。

(三)日本德育课程概况

日本的德育课程主要有两大类：道德课程和公民课程。道德课程的具体内容根据

---

① 李霞：《中外德育比较研究》，219~221 页，武汉，湖北人民出版社，2009。

文部省颁布的德目进行安排。教材由各地出版社根据德目编写。公民课程的教学任务是使学生了解社会，明确作为公民应享有的权利和应履行的义务以及应承担的社会责任。小学低年级的德育课程主要是生活科，小学高年级的德育课程主要是社会科，初中的德育课程主要是道德教育科和社会科。另外，还有社会实践、生活指导和劳动等课程。

　　1998 年日本小学德育课程标准规定：小学 1～2 年级主要培养学生基本的生活态度，使其养成遵守社会规范、正确判断好坏的习惯；小学 3～4 年级主要培养学生的自主性和协作精神；小学 5～6 年级主要培养学生的自立能力和国家意识、社会意识。小学德育课程根据"与自己相关的事情""与他人相关的事情""与大自然和美好事物相关的事情"以及"与集体和社会相关的事情"四个向度，对不同年级的学生开设不同的德育课程，提出不同的德育要求。这种由低到高、由浅入深、由具体到抽象循序渐进开设的德育课程适应了学生成长和发展的阶段性，收到了很好的德育效果。①

第四节
社会情感学习

一、社会情感学习的缘起与内涵

　　早在 20 世纪初，美国心理学家特曼和西尔斯通过对 1000 名超常儿童长达 50 年的追踪研究，发现智力概念对个体高成就的预测并不确定，而处理社会关系、人际关系的能力以及自身的心态与性格对人的事业成功和生活幸福具有巨大影响。这是情绪智力概念或情感概念的开端。

　　关注学生社会性发展和情感健康的社会情感学习是当前基础教育的一股潮流。21世纪初，英国学生的心理健康和行为问题越来越突出，学生出勤率不断降低，英国为了应对基础教育领域出现的危机，在 2003 年开始试点实施社会情感学习项目。这是一种系统实施、整校推进的社会情感学习教育实践，主要是为了促进学生的有效学习、积极行为和定期出勤，提高教职工效能，帮助在学校学习和工作的所有人获得促进情

---

① 李霞：《中外德育比较研究》，221～222 页，武汉，湖北人民出版社，2009。

感健康和幸福的社会情感技能。[①]

2018 年，经济合作与发展组织开始了有关国际社会情感能力测评的大型跨国调查项目，并借鉴美国麻省理工学院心理学教授提出的"大五人格模型"建构了社会情感能力的测评框架。这一框架分为五大维度，包括任务表现（尽责性）、情绪控制（情绪稳定性）、协作（亲和性）、思想开放（开放性）以及与人交往（外向性）。每个维度又细化为不同的测评指标，其中任务表现包括成就动机、自我控制、责任感和毅力，情绪控制包括抗压和乐观，协作包括同理心、合作与信任，思想开放包括好奇心、创造力和宽容度，与人交往包括活力、果敢和乐群。此外还有一项复合能力，即个人技能不同方面的组合，包括自信心、元认知和批判性思维等指标。有学者把个体进行内部发展及与他人交往过程中达成社会性目标的必备能力称为社会情感能力，它是儿童和成人在成长与发展的复杂情境中掌握并应用的一系列与个体适应及社会性发展有关的核心能力。[②]

二、英国社会情感学习概况[③]

21 世纪初，英国基础教育体系中存在技术主义和理性主义教育取向，尤其是中学教育阶段的理性主义教育思想更严重，强调通过标准化的程序帮助学生获得客观知识，让学生掌握应试技能，培养技术人才。这一教育取向的消极影响便是忽视了学生人文精神和情感健康，导致学生的心理健康和行为问题越来越突出，出勤率不断降低。解决学生的心理健康和行为问题、提高学生出勤率成为英国政府的首要任务。

英国社会情感学习项目之所以被期待成为应对基础教育危机的新路径，主要是因为情绪智力理论的提出及美国学业、社会与情感学习联合会社会情感学习教育实践的研究发现。1997 年，美国学业、社会与情感学习联合会在《推动社会情感学习：教育者指南》中提出了"社会情感学习"的概念，并开始实施社会情感学习项目，旨在帮助青少年和成人发展与提升有效生活所需的基本技能，即"社会情感技能"。

2003 年，英国开始在 25 个地方当局的小学试点实施社会情感学习项目。该项目根据戈尔曼的情绪智力五因素模型将社会情感技能定义为帮助学生有效管理生活和学习的、起支撑性作用的素质和技能，这些素质和技能包括自我认知、管理情绪、动机、共情和社会技能五个维度。其中，自我认知是指能够了解和重视自己的想法和感受；管理情绪是指管理自己的情感，增强积极与愉快的感觉；动机是指努力实现目标，更

---

① 田瑾、毛亚庆、房茹：《英国"社会情感学习"项目实施与经验》，载《比较教育研究》，2021(4)。
② 田雪葳、解淑暖、王晶莹等：《西方社会情感学习的成功密码：核心场域与关系网络》，载《全球教育展望》，2020(10)。
③ 田瑾、毛亚庆、房茹：《英国"社会情感学习"项目实施与经验》，载《比较教育研究》，2021(4)。

坚定、更有弹性和更乐观；共情是指了解别人的想法和感受，重视和支持他人；社会技能是指建立和维护关系，解决问题。

社会情感学习项目期望学生在支持性的环境氛围中实现 11 个目标：成为有效和成功的学习者；建立和维持友谊；能够有效和公平地处理、解决冲突；能和他人一起或在他人带领下解决问题；能够管理情绪，如沮丧、生气和焦虑；能够保持冷静、乐观的心态来进一步实现目标；能从挫折中恢复，面对困难坚持下去；能够将工作与娱乐相结合；能够与他人公平竞争，尊重对手；承认和维护自己与他人的权利；理解和尊重彼此的分歧与共同点，尊重他人拥有自己的信仰和价值观的权利。

三、美国的社会情感学习目标

美国的社会情感学习相比较而言更为关注明确和细致的社会情感学习目标体系的建构。

社会情感学习目标起着方向和价值引领的作用，且通常与本州教育目标衔接，包括短期、中期、长期三级目标。短期目标是与年龄相适宜的具体学习目标，主要是各州社会情感学习标准中的自我管理、人际技能、社会参与、创造性解决问题等内容；中期目标表现为学习者社会情感能力进一步提升，态度和行为均有所改善，如减少行为问题、养成积极的态度与行为习惯、学业成绩提升、毕业率提高等内容；长期目标则在前两级目标的基础上进一步提升，无限接近各州教育愿景，如心理和行为健康、学术和社会成功、职业或劳动技能准备等内容。[①]

除了有具体、清晰的社会情感学习目标之外，美国部分州还规定了更为清晰的社会情感学习标准框架。部分州的社会情感学习标准框架包括能力、指标、基准、行为描述四个维度，少数州的社会情感学习标准框架，如宾夕法尼亚州、密歇根州的社会情感学习标准框架在行为描述后还有策略建议，均从概括到具体进行可操作化界定，符合各州教育愿景并具有阶段性、文化敏感性等特点。

英、美两国的社会情感学习大致相当于我国德育课程中的活动性德育课程和隐性德育课程的范畴，其初衷是通过多种样态的课程体系，促进学生以社会情感为核心的心理品质的健康成长，这为我们从新的角度思考德育课程及其实践路径提供了重要的参考。

---

① 罗小琴、陈世联：《美国社会情感学习项目分析与启示——基于 17 州政策的文本分析》，载《陕西学前师范学院学报》，2022(11)。

四、我国社会情感学习概况

我国教育部于 2011 年引入社会情感学习项目，随后开展了试点工作。该项目在英国北安普敦大学学习行为研究中心提供的国际技术支持下，借鉴了英国社会情感学习项目和其他国家的经验，由北京师范大学和来自各项目地区的专家组成的技术团队结合中国文化价值传统，基于中国基础教育的现实，构建了富有中国特色的理论框架。该项目以校长培训为抓手，通过提升校长的领导能力，围绕学校制度建设、教师教学观念转变、校本课程实施和家校社区合作伙伴关系建设等方面整体改进学校管理，旨在使学校内外形成"儿童为本，相互尊重、理解和支持"的人际关系与积极氛围，帮助学生在学校和社会生活中获得发展所必需的对自我、对他人、对集体的认知与管理的意识、知识和技能，培养学生自信心和责任意识，帮助学生建立积极的人际关系，形成良好的情感和道德品质，有效地面对成长过程中的挑战，促进学生身心的全面协调发展。

2016 年 9 月，《中国学生发展核心素养》发布，涵盖重要的社会情感技能。一年后，中共中央办公厅、国务院办公厅印发的《关于深化教育体制机制改革的意见》进一步强调，培养学生的自我管理能力与人际关系能力。

截至 2018 年，我国社会情感学习项目已经完成了在选定小学的试点，覆盖了 11 省 16 县的 525 所农村学校。2018 年 4 月，项目组在五个项目县开展评估，对照 2014 年、2015 年收集的基线数据评估项目进展，研究社会情感学习方式产生的影响。评估结果显示，参与项目学校儿童的自信心、沟通能力、人际交往能力及应对挑战的能力均有所提高；与非试点学校相比，参与试点的学校在多个方面进展迅速，如爱生氛围、教师态度与教学技能、师生关系等。

2019—2020 年，该项目计划扩展至上述五个项目县的 125 所农村初中（每县各 25 所），计划惠及 8 万名青少年与 2500 名初中教师。该项目还将通过教师培训提升教师的社会情感能力。

本章小结

我国德育内容从传统的仁、义、礼、智、信的五德体系，到现在逐渐重视公民法治教育、关注学生身心健康教育、提倡社会主义核心价值观和生态文明教育，经历了一个逐步丰富和完善的过程。《义务教育道德与法治课程标准（2022 年版）》提出德育内容包括政治认同、道德修养、法治观念、健全人格和责任意识，这五个方面的内容分别指向特定的价值。德育课程是为了实现德育目标而选择具体的德育内容及其组织形式进行教育的课程。德育课程一般可以划分为三种类型：学科性德育课程、活动性德育课程和隐性德育课程。英、美两国的社会情感学习为我们从新的角度思考德育课程及其实践路径提供了重要的参考，我国的社会情感学习也有了一定发展。

章后练习

一、名词解释

1. 德育课程。
2. 活动性德育课程。
3. 隐性德育课程。

二、简答题

1. 确定德育内容的依据是什么？
2. 德育课程的价值有哪些？
3. 德育总目标五个方面的内容分别指向哪些特定的价值？
4. 隐性德育课程作为德育课程的重要部分，为了更好地发挥它的作用，应当从哪些方面进行优化？
5. 英国社会情感学习项目期望学生在支持性的环境氛围中实现哪些目标？

三、思考题

1. 教育界对于德育课程是否具有存在的必要性存有争论，对于这个问题，你是怎样看待的？为什么？
2. 各国在德育内容上有何相同点，有何不同点？
3. 社会情感学习作为德育的一个新内容，对此你是怎么看的？

延伸阅读

冯钰：《小学隐性德育课程的设计研究》，硕士学位论文，天津师范大学，2007。

付兵儿：《日本中小学德育的体验教育及其启示》，载《天津师范大学学报（基础教育版）》，2004(2)。

教育部基础教育司组织编写：《中小学德育工作指南实施手册》，北京，教育科学出版社，2017。

靳玉乐：《潜在课程论》，南昌，江西教育出版社，1996。

李霞：《中外德育比较研究》，武汉，湖北人民出版社，2009。

李晓红：《中日小学德育内容比较分析》，载《江西社会科学》，2002(12)。

刘慧、李敏等：《小学生品德发展与道德教育》，北京，高等教育出版社，2015。

刘黔敏：《德育学科课程：从理念到运行》，博士学位论文，南京师范大学，2005。

罗小琴、陈世联：《美国社会情感学习项目分析与启示——基于17州政策的文本分析》，载《陕西学前师范学院学报》，2022(11)。

罗越媚：《我国中小学德育目标和内容的比较思考》，载《教学与管理》，2008(16)。

佘双好：《现代德育课程论》，北京，中国社会科学出版社，2003。

檀传宝：《学校道德教育原理》，北京，教育科学出版社，2000。

田瑾、毛亚庆、房茹：《英国"社会情感学习"项目实施与经验》，载《比较教育研究》，2021(4)。

田雪葳、解淑暖、王晶莹等：《西方社会情感学习的成功密码：核心场域与关系网络》，载《全球教育展望》，2020(10)。

王毛文：《建国七十年来我国中小学德育发展变迁研究》，硕士学位论文，陕西师范大学，2019。

尧新瑜：《道德课程论》，徐州，中国矿业大学出版社，2007。

赵祥麟、王承绪编译：《杜威教育论著选》，上海，华东师范大学出版社，1981。

朱小蔓主编：《中小学德育专题》，南京，南京师范大学出版社，2002。

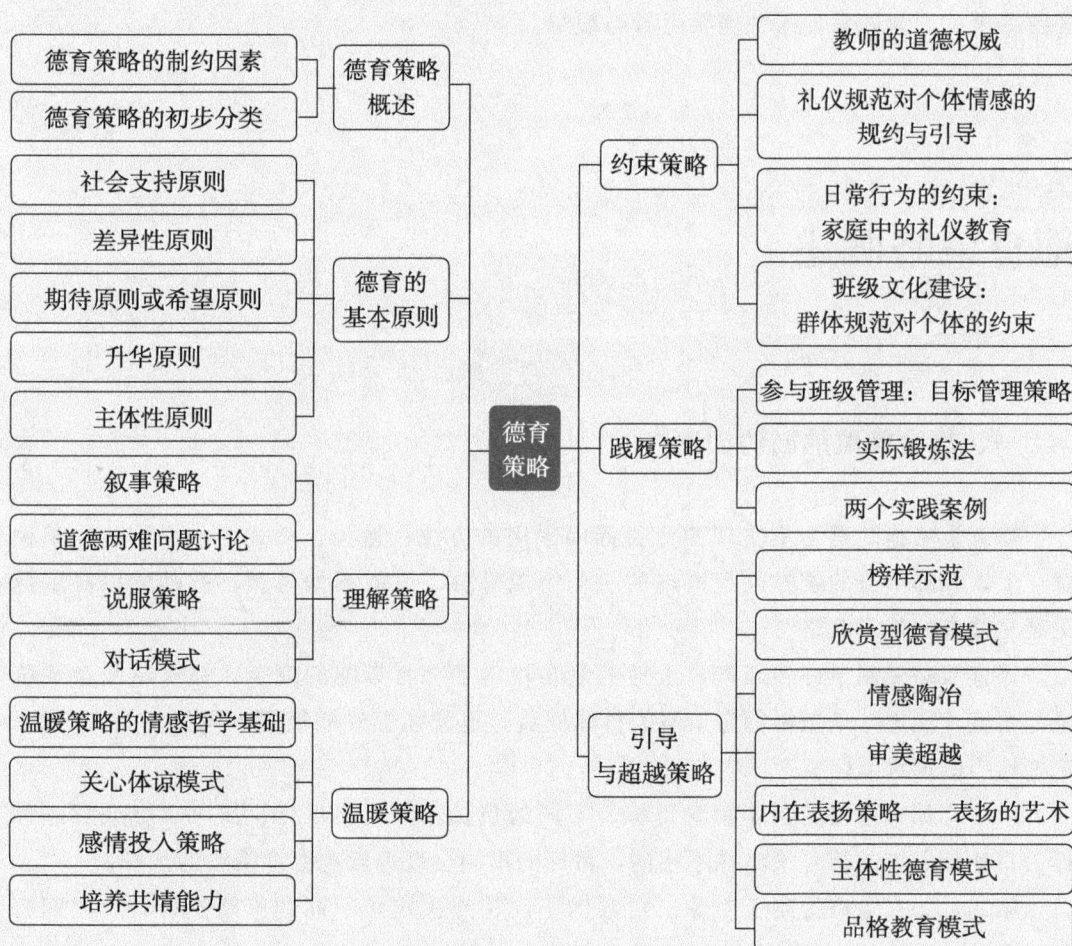

德育策略指的是为了实现德育目标而采用的方法、途径、模式等的总称。学生思想品德的发展受许多因素的影响或制约，理解和把握这些因素是建构与选择德育策略的前提和基础。德育策略可以分为五大策略，即理解策略、温暖策略、约束策略、践履策略和引导与超越策略。

道德是人类精神的自我关照。道德既是对人性的约束，也是对人性的引导。人一方面具有生物性本能，另一方面也具有天然的社会性和精神性倾向。因为前者，人性需要约束；因为后者，人性需要引导与超越。

第一节
德育策略概述

一、德育策略的制约因素

德育策略指的是为了实现德育目标而采用的方法、途径、模式等的总称。在某种意义上，教师本身的素养也是策略的一个组成部分，言教不如身教，教师的以身示范无疑是德育的基本策略。

德育策略受制于许多因素，人性的复杂决定了德育策略的复杂，只有从复杂系统论的角度才能更好地把握德育策略的整体样貌，也才能更好地根据不同的场景和目标，选择恰当的德育策略。

第一，德育策略受制于德育目标。不同的目标，如认知目标、情感目标或意志和行为目标所要求的德育策略并不相同，目标的不同层级也影响德育策略的选择。

第二，德育策略受制于对象。对象的不同特点决定了不同的策略选择，放之四海而皆准的、适应所有人的德育策略是没有的。

第三，德育策略受制于人性假设。人性本善观点的持有者，如孟子，可能更倾向于"求其放心"式的自然主义教育策略；而持人性本恶观点或者对人性缺乏信任的人，如品格教育学派的里克纳，可能更倾向于权威主义的严格管教策略。

第四，关于人的本质的观点也会影响德育策略的选择。把理性看作人的本质的研究者可能更倾向于采用以理性为主的策略，如柯尔伯格的道德认知发展理论所提倡的道德两难问题讨论法。而更看重感性的学者可能更关心情感的价值，如麦克菲尔的关心体谅模式。

第五，德育策略与思想品德发展过程具有内在一致性。对思想品德发展过程本质的认识影响甚至制约着德育策略的选择。

从人性发展的角度看，思想品德发展过程是个体克制自我的生物本性，不断发展自己的社会属性和精神属性，不断朝向理想生活世界和理想人性迈进的过程，也是个体不断探索、发现和充实生命意义的过程。

从价值体系的角度看，思想品德发展过程是在自我价值感受的基础上，不断增强对他人和社会关系的价值感受，不断增强对文化、历史等精神性财富的价值感受，进而不断密切自身与他人、群体、文化和自然的关系，建构理想价值体系的过程。

从人际互动的角度看，思想品德发展过程是个体在特定的群体环境中，通过群体的规训和引导，通过与其他个体之间的互动，不断学习、采择他人和社会观点，不断约束自我的生物本性，不断认同和内化社会规范，不断发展社会关系需要，增强对和谐关系的内在渴望，逐步建立与其他个体、群体之间和谐关系的过程。

概括地讲，个体思想品德发展过程就是在逐步理解自我、他人与世界的基础上，恰当地约束自我的生物本性，通过感受世界的温暖与价值，逐步增强对世界的依恋、归属和关心，不断增强责任意识，不断完善自我、完善周围的世界，并从中发现人生意义、体验人生价值的过程。这种理解大体上决定了德育策略的内容与方向。

二、德育策略的初步分类

基于上述考量，德育策略可以分为五大策略，即理解策略、温暖策略、约束策略、践履策略和引导与超越策略。

理解策略作为一种基础策略，指的是人首先应该理解自我和周围的世界，这种策略贯穿于人的一生当中。哲学解释学认为，理解和解释是人存在的基本方式。自我经验的积累和总结、对他人经验的借鉴是人作为一种理性存在物的基础，同时人的自由本性使人不得不面临经常性的评价和选择。人经常甚至每时每刻都在评价、选择，而理解和解释是评价与选择的前提，没有理解和解释也就没有评价与选择，没有评价与选择人只能被生物性本能钳制，人性也就不复存在了。因此，理解和解释周围的自然环境和社会环境成为人生存与发展的基础。理解策略的基础性还表现在，理解策略是其他策略得以践行的基础。

温暖策略，即要使个体充分感受到他人、群体、组织和社会的价值与温暖，建立起个体与他人、群体、组织和社会的密切关联。个体对世界的积极态度源于其相应的积极的价值感受，没有感受到世界温暖的个体很难用温暖的方式对待世界。

约束策略主要针对的是人的生物属性。人毕竟是一种生物性存在，生物属性是人的天然属性，也是人性的重要组成部分。尽管哲学家、心理学家一直把社会属性看作人性的主要成分和本质，但毋庸讳言的是，在人的一生当中，生物属性一直存在。这种生物属性既包括生理欲望、物质欲望，也包括在群体中获得竞争性优势的权力欲望。人的生物属性与人的自我中心倾向具有天然的联系。

人思想品德成长必然要约束生物属性，不使其危及社会属性的成长，不损害他人和社会的正当利益和价值。家长、教师和社会应约束个体的生物属性，培养个体的相应的克制习惯，养成个体对社会规范和权威的敬畏之心。

人道德成长，既需要春风化雨式的关爱，也需要恰当约束，因为人性的复杂，二者缺一不可。温暖策略与约束策略是德育策略的两个不可分割的要素，就如人的两条腿一样。既不能对人性过于乐观，信奉"树大自然直"，也不能对人性过于悲观，处处强调"棒打出孝子"，而应该二者兼备，既有温暖与关怀，也有约束与管教。

践履策略指的是引导个体积极参与社会实践，努力维系与他人、群体、组织和社会的和谐关系，积极承担责任。人是一种对象性存在，需要通过对象确证自己的价值。通过践履，个体不断确证自己的价值，也不断给予他人、群体、组织和社会以积极的情感投入，而这种自我确证和积极的情感投入反过来会进一步巩固与增强个体的积极价值感受，进一步巩固思想品德发展成果。

引导与超越策略是在个体已经基本实现社会化，或者已达到道德社会基本要求的基础上，对个体在思想品德方面提出更高要求和相应的促进路径，目的在于帮助个体树立道德信念和道德理想，并以之作为生命意义的重要来源。

传统儒家文化孜孜以求的"君子"人格，在一定意义上就是一种引导个体道德发展的超越性目标。引导与超越策略背后的人性假设是人的内心深处的对不断超越自身有限性的渴望，对审美、自由等无限性的追求。实施引导与超越策略，一方面要积极推进树立典型，鼓励更多的个体向典型学习；另一方面要意识到超越性目标的达成是有难度的，不能把这一目标当成日常要求，甚至当作必须。这样往往会适得其反，导致更多的"伪善"现象出现。

这五种策略既基于理性与情感双重维度，也基于人性善恶的两种可能；既考虑底线要求，也不放弃理想人格；既重视理性的奠基作用，也重视情感的动力机制；既重视现实世俗生活，也不放弃精神追求。这五种策略为进一步思考德育的具体策略提供了一个基础性的分析框架。

第二节
德育的基本原则

德育的基本原则，即基于德育目标和学生思想品德成长的基本规律而确定的德育工作的基本要求。德育的基本原则是德育工作应该遵循的基本法则或思路，贯穿于德育工作的各个环节和德育的各种策略之中。

一、社会支持原则

对个体而言，社会支持的本质是来自重要他人的温暖。感受到世界的温暖，才能以温暖的方式对待世界。

美国社会病理学家卡普兰认为，社会支持是一个人的基本需要通过与显著的他者之间的互动而得到满足的程度。[①] 我国学者李强从心理健康的角度认为："社会支持应该被界定为一个人通过社会联系所获得的能减轻心理应激反应、缓解精神紧张状态、提高社会适应能力的影响。"[②]社会联系是指来自家庭成员、同事、团体、组织和社区等的精神上和物质上的支持与帮助。

多数学者认为，良好的社会支持有利于人的身心健康。对于学生尤其是对于在学校场域中处于不利处境的学生而言，及时、可靠、全面的社会支持对其身心健康发展的作用大致体现在以下三个方面。

第一，社会支持能够满足学生归属和尊重需要，帮助学生建立自尊心，促进学生产生较多的积极情绪体验，提高学生的适应能力和主观幸福感。

第二，社会支持能够为学生提供较为丰富的信息资源，有助于学生对日常生活事件的认识、理解和应对，避免不恰当的行为方式。

第三，社会支持在一定范围内能够为学生提供恰当的人力和财物资源，有助于提高学生应对突发事件的能力和自信心。

关于社会支持的增益和缓冲作用已经得到了许多实证研究的证实。有研究发现，"社会支持水平不同的初中生在学校适应的质量上存在显著差异，高支持水平学生的适应质量显著高于低支持水平学生的适应质量，高支持水平的初中生表现出较少的内化

---

① 黎春娴：《高校贫困生的社会支持及其对价值观影响的研究》，博士学位论文，上海大学，2009。
② 李强：《社会支持与个体心理健康》，载《天津社会科学》，1998(1)。

问题行为和外化问题行为，孤独感较低，学习成绩较好，同伴的评价更高，对学校的态度也更为积极"①。也有研究证实，"教师的肯定与支持、青少年对师生关系的满意度、与教师之间的冲突与惩罚、教师提供的陪伴与亲密等与青少年的人际自尊、学业自尊和整体自尊有较高的相关"②。

教师的社会支持从内容看主要包括以下方面。

工具性支持。必要的财力、物资帮助。教师应针对学生及其家庭的实际状况，为学生及其家长介绍政策和制度层面的帮扶对策，如助学金、奖学金、各种费用减免制度等，并在他们申请时提供帮助。

情感性支持。学生尤其是那些长期处于不利处境的学生可能会产生自卑、退缩或攻击等消极的情绪和行为表现，渴望来自教师、父母等重要他人的关心、慰藉、接纳、认可和信任。教师作为专业人员应在充分认识学生情感需要的基础之上，通过与家长的密切合作，通过言语、表情、姿态等，较为充分地表现出对学生的喜爱、关切、欣赏、激励等积极的情绪和情感。例如，一对一的聊天、表示欣赏的言语与表情、学生遇到挫折或困难时的安慰等。

信息性支持。学生经常会面临许多困惑与问题，包括知识学习困难、人际交往障碍、自我意识偏差等，迫切需要教师提供有针对性的指导和帮助。教师应针对学生的特定问题提供相应的信息、建议，帮助其思考、决策，促进其合理、有效应对困难。比如，对学困生的学习辅导、对班级边缘学生的人际关系指导、对性格偏激学生的心理辅导等。

二、差异性原则

差异性原则，即根据学生不同情况采用不同的内容与策略。差异性原则也就是因材施教或从学生实际出发原则。只不过学生思想品德成长的影响因素更多，导致学生思想品德成长的过程和结果更为复杂，也使得教师和学校的德育工作更为复杂。

影响学生思想品德发展的因素有很多，大体包括年龄、身体状况、气质和性格特征、家庭背景和家长教养方式、班级中的地位、师生关系等方面。本书着重介绍以下几个方面。

清晰了解学生的年龄。一般而言，年龄越小，学生的理解能力越差，对德育内容或要求的理解能力也越差。因此，基于认知基础或理解能力的讲道理要适当减少。相对而言，立规矩，即通过各种规范的要求约束和引导学生就变得更为重要。简单地说，

① 李文道、邹泓、赵霞：《初中生的社会支持与学校适应的关系》，载《心理发展与教育》，2003(3)。
② 刘春梅、邹泓：《青少年的社会支持系统与自尊的关系》，载《心理科学》，2007(3)。

就是年龄越小，说教越少，立规矩越重要。

深入了解学生的气质和性格特征。心理学常见的气质类型分为胆汁质、多血质、黏液质和抑郁质。性格的分类有很多种方法，常见的是分为内向和外向两大类。不同气质和性格的学生对教师教育方式的敏感度与接受度是有差异的，如面对教师同样的批评，胆汁质的学生可能没有感觉，抑郁质的学生可能已经要崩溃了。

全面了解学生的家庭背景和家长教养方式。在一定意义上，影响学生思想品德成长的最大因素是家庭因素，尤其是家长的思想品德素养和教养方式。对学生家庭背景和家长教养方式的理解，有助于较为深入地理解学生思想品德发展现状的缘由，也能够对家庭是否能够以及如何帮助学校德育工作有一个清醒的认识和判断。

全面了解学生在班级中的地位和师生关系。对学生尤其是小学生而言，在班级中的地位及其对师生关系的感受，对其思想品德发展具有重大影响。在班级中地位较高的学生、能够感受教师积极态度的学生，其思想品德发展基本上会比较顺利；反之，在班级中地位较低、经常能够感受到教师消极态度的学生，则容易出现所谓社会偏离现象，严重影响其思想品德发展。

除此之外，在现代社会中，社会关系因素已经成为个体消极情绪唤醒方面的主导因素。情感社会学家肯普尔认为："关于情感的任何一种社会学理论都有一个最重要的前提，即绝大多数的人类情感都源于真实的、期望的、想象的或回忆的社会关系的结果。"[1]多项实证研究也发现，师生关系、同伴关系、学业压力等是唤醒学生消极情绪的主要因素。一项对江苏省多阶段分层整群抽样选择的 17 所中学 5000 余名学生开展的调查发现，"上学期与教师争吵过、感觉教师讨厌自己、感觉被同学看不起、感觉被同学孤立、感觉同学不关心自己是中学生发生消极情绪的危险因素"[2]。

三、期待原则或希望原则

这一原则的核心是要让学生感受到教师的信任和期待。教师应对学生的社会性或思想品德发展持有乐观心态，保有和表达对学生的尊重与信任。简单地说，就是多表扬、善于表扬。

对学生而言，其社会性发展的可塑性较大。教师作为学生成长中的重要他人，对学生的态度，尤其是对学生表达出的期待或希望，对学生的发展能够起到重要的规范或引导作用。其中的心理机制就是罗森塔尔效应。

罗森塔尔效应亦称皮格马利翁效应，是一种期望效应。1968 年由美国罗森塔尔等

---

① 　王鹏、侯钧生：《情感社会学：研究的现状与趋势》，载《社会》，2005(4)。
② 　潘晓群、史祖民、袁宝君等：《江苏省中学生消极情绪及其相关因素分析》，载《中国学校卫生》，2006(12)。

在《课堂中的皮格马利翁》一书中提出。这种效应认为，教师对学生的期望会在学生的学习成绩等方面产生效应，如教师寄予很大期望的学生，经过一段时间后测试，他的学习成绩比其他学生有明显提高。

罗森塔尔效应之所以有效，是"自我实现的预言"这种心理机制在发挥作用。当人相信自己具有某种特性，如聪明、能干之后，人就会变得越来越聪明或能干。来自重要他人的评价会转化为自我信念和自我效能感，而这种信念或效能感会导致个体的优异表现。

亚里士多德认为："每种技艺与研究，同样地，人的每种实践与选择，都以某种善为目的。所以有人就说，所有事物都以善为目的。"[①]人生来具有自我完善的内在冲动，只要给予恰当的条件，文明就像种子发芽一样注定会发生。我们需要做的也许就是为种子提供阳光、水和土地，然后静待花开。

四、升华原则

这一原则的核心是承认学生的生物本性的客观性，在此基础上，采取各种各样的方法引导学生把不利于思想品德发展的生物本性引导和升华到积极健康的方向上去。

日常生活中学生的生物本性的表现随处可见。攻击性，如口头攻击、肢体攻击等；自利性或自我偏差，如自我吹嘘、自我炫耀，通过攻击别人的缺点、不足以彰显自我的优点或优势，也是日常生活中的常见现象。这些生物本性具有较大的个体差异性，有些学生身上表现得更为明显。

一方面，教师应看到这些生物本性有其存在和表现的必然性，不必为此大伤脑筋，更不必为此丧失对人性的信心，而应该站在人性进化的角度，承认其合理性，不产生过度的心理反应和行为反应，以免导致意想不到的教育后果；另一方面，教师应当有意识地设计和组织班级活动，如适当的体育竞赛之类的活动，以释放学生的生物本性，同时在这些活动中引导学生为自己确立更符合思想品德发展的目标，如自信、自我效能感、班级荣誉感等，从而使学生的生物本性升华为社会性和精神性的人性成长。

五、主体性原则

这一原则的核心是，基于学生适当的信任，给学生留下思想和行为的一定空间，拒绝全方位监控或控制学生。

马克思认为，人是自由的、有意识的存在，对自由的渴望是人的天性，这种渴望

---

① ［古希腊］亚里士多德：《尼各马可伦理学》，廖申白译注，3～4 页，北京，商务印书馆，2003。

既可能表现为逃离教师和家长的掌控，在游戏天地中昏天黑地，也可能表现为逆反，在与教师和家长的对抗中体味抗争的另类愉悦。人类和人类个体渴望自由、渴望自我掌控的欲望随着年龄的增长会不断发展，这是学校和家庭必须面对的事实。

德育既不能违反这一自然法则，过度重视对学生的掌控，忽视或阻止其对主体性和自由空间的渴望；同时也不能消极退让，把教育或规训的权力无条件让渡给学生自己。恰当的做法是尊重、引导与约束相结合，既要让学生感受到尊重、感受到自由，也要让学生感受到权威、感受到责任，二者不可偏废。

第三节
理解策略

一、叙事策略

叙事即事实和人情的文本呈现，叙事策略是理解策略的核心。叙事策略主要关注三个问题：叙事内容、叙事者、叙事方式。相应地，叙事策略主要包括三个方面的内容。

叙事内容问题理应属于德育课程范畴，但针对具体的学生或特定的德育要求、时机等，内容的选择就成为德育的重要策略，即叙何种事？民族史叙事、传统文化叙事，还是学生的生理和心理发展叙事？不同的情境下，不同叙事内容的思想品德发展价值并不相同。

根据叙事内容的价值倾向性，可以把叙事分为事实叙事和价值叙事。事实叙事，即不带有明显价值倾向性事实的叙事。在伦理学史上，休谟曾经提出著名的休谟难题，即以"是"或"不是"为联系词的事实命题，与以"应该"或"不应该"为联系词的伦理命题（价值命题）是否能够转换。休谟疑惑的核心在于，事实本身并不足以产生道德要求，即"是"并不意味着"应该"。

从现实的角度看，事实与关于事实的叙述二者是合为一体的，不存在所谓纯粹客观的事实本身，存在的都是关于事实的叙述。而这种叙述必然带有叙述者的角度和价值倾向。"叙事是人对现实生活事件进行的一种内在的、有意义向度的安排，什么样的事情值得叙说，要以怎样的方式来叙说，这其中都包含着个体的价值立场。"①

因此即使所谓事实叙事也不是不具有价值倾向性的，只是不那么明显罢了。不包含明显德育价值倾向性的事实叙事是否有助于学生思想品德成长？答案是肯定的。不了解自我和世界，何谈认可与尊重自我和世界？缺乏理解的价值倾向是盲目的，也是危险的，不可能持久。

价值叙事，即带有明显价值倾向性的、关于特定事件的叙事，如小学德育教材中常见的美德小故事。价值叙事就是事件叙事。何谓事件？包含有价值倾向性的事实就是事件。事件可以理解为包含着行为者、价值选择、行为以及道德后果等诸多因素的完整的生活片段。事件是承载价值的主要载体。

关于价值故事的叙事，在古今中外德育中一直存在。我国古代德育大体都是依托具体的故事来进行的。譬如，《诗经》与《春秋》都是以故事形式编排的。在我国新中国成立之后的德育教材中，关于价值故事的叙事是常见的内容。叙事这种道德教化方式被简化为故事法、美德故事法、指导阅读法。②

叙事内容选择策略主要涉及内容的难度、容量、性质等维度及其与学生认知结构的关系，即如何根据学生的认知发展水平选择具有恰当难度、容量和性质的叙事内容。

叙事者，即谁来叙事？教师、学生还是当事人？

首先，学生本身的成长史或成长中的故事，也是重要的课程资源。

其次，叙事者的情感卷入问题，即叙事者在叙事时能否表达出与叙述内容相一致的情感。当叙事者在叙事时表达出与叙述内容不一致的情感时，如叙事者自己都不相信、不敬重所叙述的事件，则很难对聆听者产生德育促进作用。

叙事方式，即叙事文本的呈现方式。是陈述还是发现？是参观还是访问抑或是探究等？

叙事内容的选择、叙事者的选择和叙事方式的选择三者共同构成了叙事策略。

二、道德两难问题讨论

道德两难问题讨论策略主要强调道德中的认知因素以及人的理性的力量。道德两难问题讨论策略之所以属于理解策略，主要是因为这个策略的出发点和目的都是促进学生认知的发展。虽然这种发展是通过激发学生的认知冲突产生的，但这种发展的本质是增强学生的道德认知能力，而道德认知能力的发展无疑是有助于学生的理解能力发展的。这种理解能力的发展当然有助于学生对自我、他人和世界的理解。另外，这

---

① 王雅丽：《当代道德教育叙事的存在论转向》，博士学位论文，南京师范大学，2017。
② 王雅丽：《当代道德教育叙事的存在论转向》，博士学位论文，南京师范大学，2017。

种策略在帮助学生理解和采择他人观点方面也有帮助。

这一策略适合年龄稍大的学生，可以组织学生针对学校或班级生活中常见的道德困境进行讨论，以增强学生的道德认知能力和解决问题的能力。

道德两难问题讨论策略属于道德认知发展理论的范畴，柯尔伯格的道德认知发展理论的基本理念主要有三个：其一，儿童是"道德哲学家"，每个儿童都能够自发地形成他们的道德观念，这些道德观念又形成有组织的思维方式。其二，道德原则并不是指导行为的具体规则，而是解决道德冲突和做出道德判断的方式。道德判断的过程是理性的过程。其三，道德原则是解决个人观点之间冲突的方式，其中根本的道德原则就是公正。①

柯尔伯格的最典型的道德两难故事是：村子里有一个妇女，妇女得了一种很严重的病。这种病只有一个医生发明的一种新药才能够治疗，但是这种药特别贵。这个妇女的丈夫叫作海因茨，他向亲戚朋友借遍了钱也凑不够买药所需要的钱，医生又不愿意降价销售，更不愿意无偿提供药给这个妇女治病。海因茨就去偷药，救了他的妻子。海因茨该不该偷药？

柯尔伯格通过向学生讲述道德两难故事，让学生回答该与不该，并让他们陈述理由，发现儿童道德发展是有不同阶段的。在研究了许多儿童之后，他归纳出了儿童道德发展的三水平六阶段的观点。②

在前习俗水平，道德的价值是由外在的要求来规定的，个体是为了免除惩罚或者获得奖赏而去顺从权威人物的要求做出道德行为的，个体是根据行为的直接后果以及行为与自身的利害关系来做出道德判断的。

到了习俗水平，道德规则已经被内化，个体能够从社会的希望与要求出发，从作为社会成员的角度进行道德判断，认为符合社会规范要求的行动就是道德的、正确的，道德价值就在于符合别人的期待、保持传统的秩序。在这个水平的第三阶段，个体之所以做出道德行为，是因为希望获得别人的认可。

在后习俗水平，个体不仅遵守，而且深刻地意识到了法律和规范背后的意义与价值，能够从人类正义与个人尊严的角度来看待法律和规范，自觉遵守法律和规范，而不仅仅是因为遵守法律和规范能够获得好处，能够获得好评和接纳。在这一水平的第五阶段，个体已经能够把法律看作一种社会契约，而这种社会契约有助于社会公正。而在第六阶段，个体已经能够从人类的正义、良心、尊严等层面，来判断行为的对与错。

---

① 郭本禹：《道德认知发展与道德教育——科尔伯格的理论与实践》，82～88 页，福州，福建教育出版社，1999。

② 蒋一之主编：《品德发展与道德教育》，39～41 页，杭州，浙江大学出版社，2013。

　　道德两难问题讨论法就是引导学生就道德两难问题进行讨论，诱发认知冲突，引起积极的道德思维，从而促进道德判断能力发展的方法。① 这个方法包括两个主要环节。

　　首先，展示道德两难故事。故事的呈现方式很多，可以采用陈述故事、观看电影、阅读报纸、角色扮演等方式。比如，教师可以向学生讲述类似海因茨偷药这样的故事；教师也可以从日常生活中去取材，如老人倒了扶不扶，一个我不喜欢的人需要帮助，我该不该帮等。

　　其次，正确引导学生进行讨论。选择道德两难问题进行讨论时，教师要善于激发矛盾，要善于提问，要善于提出符合学生身心发展水平的问题，引起争论。争论的问题要逐步提出，才能引导讨论深入，不要提出过于抽象和过于困难的问题。

　　值得注意的是，对于没有任何立场的学生，教师不要强迫，千万不要把自己的观点灌输给学生，可以建议学生仔细倾听，总结小组讨论中大家提出的理由。

　　柯尔伯格的道德两难问题讨论法的价值在于通过对道德两难问题的讨论激发学生的道德好奇心和道德热情。除此之外，还具有以下价值。

　　第一，讨论是学生主体性的表达和凸显。参与道德两难问题讨论有助于学生的自主表达意识的提升和表达能力的发展，进而有助于其道德主体性的成长。

　　第二，讨论有助于集体或群体舆论的形成。

　　第三，讨论有助于学生听取和采择他人观点，确立他人视角。同时，学生通过他人的观点及表达形成他人镜像，确立思考标杆，从而促进自己思考能力的提升。

三、说服策略

　　说服策略就是通常所说的说服教育法，即通过摆事实、讲道理，提高学生思想认识的策略。说服策略包括两个方面的策略：一是言语说服；二是事实说服，主要有参观、访问、调查等。这一策略适合在道德成长方面具有一定认知困难的学生，如难以理解特定的道德规范，以及不认同特定的道德规范或行为法则等。

　　说服在社会心理学中往往被称为沟通有效性。相关研究发现，沟通有效性往往与以下因素相关。

(一)信息源的特征

　　信息源，即说服者。在说服过程中，说服者自身的特征在很大程度上决定着说服

---

① 郭本禹：《道德认知发展与道德教育——科尔伯格的理论与实践》，190～195 页，福州，福建教育出版社，1999。

的效率与效果。信息源的特征包括以下三个方面。

第一，内行或可信度。内行指的是说服者在所说内容方面的专业性，即是否对所说的内容有充分且较为专业的了解，尤其是在被说服者看来说服者是否像一个"专家"。如果被说服者认为说服者本身对所说的内容不够专业，不是所说内容涉及领域的专家或行家，则容易导致被说服者的不信任甚至拒斥；相反，则容易使被说服者相信和接受说服者的说服。比如，劝阻爱吸烟者戒烟的最佳人选无疑是医院的呼吸科医生，即使不是医生，最起码说服者对吸烟及其危害的表达要听起来是那么回事，这样劝阻才可能见效。

第二，个性魅力。个性魅力指的是说服者因为样貌、性格或气质带来的亲和力、影响力。在说服策略中，如果说服者的样貌、个性或其他特征被推崇、被认可，则说服效果会好很多。

第三，言语组织。言语组织指的是说服者的表达技巧或策略。开门见山、直奔主题的方式与含蓄、暗示的方式各有长处和不足，关键在于说服者是否能够基于对内容和对象的判断做出恰当的定位，并为此精心组织语言，直达对方内心深处。

(二)情境的特征

情境的特征指的是说服的心理环境特征，包括被说服者的心理状态及其所感受到的外部的压力。当因为某种原因，被说服者具有对抗情绪的时候，说服则很难进行；反之，如果能够唤起被说服者的愉悦情绪，或唤起被说服者相应的压力感受，则说服相对容易进行。

(三)对象特点

对象特点指的是被说服者的人格特征，包括个性特征、智力特征等。不同的人格特征需要不同的说服方式。黏液质特质的个体需要更为耐心的说服过程，而胆汁质特质的个体可能更需要开门见山、直奔主题的方式。

有效的说服策略应综合考察以上三个方面，尽可能提升说服者的可信度和吸引力，营造适合说服的场景，并能够根据被说服者的不同采取不同的方式。

四、对话模式

"对话模式是双方在平等基础上，从各自的理解出发，以语言为中介，以交往、沟通、意义为实践旨趣，促进双方取得更大视界融合所进行的思想交流活动。"[1]对话模式

---

[1] 彭寿清：《德育对话模式探析》，载《湖南师范大学教育科学学报》，2005(1)。

有自己独特的特征，主要表现在以下几个方面：第一，对平等性的尊重。对话意味着对平等性的承认和尊重，任何一方不得靠自己的权威或权势压迫另一方，压制他们的观点、行为等。第二，对开放性的倡导。对话模式主张对话主体间相互开放，各自敞开真实的自我。第三，对理解性的推崇。理解是对话的归宿，对话的目的就是达到对话双方意见的一致，从而扩大视界融合，促进双方的精神进步。第四，对创造性、创新性的张扬。对话理念意味着在交流和碰撞中创新。该模式强调教育者和受教育者之间在平等基础上真正的理解和交流，在相互作用中达到相互理解和精神沟通，促进彼此道德水平的提高。①

这一模式关注对话的两个方面的特征：一个是关于对话的内容，另一个是关于对话双方的关系。在内容方面，这一模式强调对话内容应与学生的生活世界密切相关，而不应该仅仅与德育教材相关。在对话双方的关系方面，这一模式强调对话双方理解的重要性，强调对话是人与人之间的对话，而非人与物之间的对话；强调对话是师生之间心灵交流、心灵碰撞的过程。

从这一模式关注的问题看，这一模式属于理解策略。一方面，对话是关于某一主题的对话，这种多方的、自由的对话能开阔参与者的眼界，使参与者领略不同角度的不同观点，加深或拓展关于特定主题的理解；另一方面，对话有助于参与者对他人观点的理解和采择，有利于参与者克制自我中心倾向。

第四节
温暖策略

温暖策略的人性假设是人需要与他人建立密切的、温暖的情感关联，并能够从中获得意义感与价值感。马斯洛需要层次论中的安全需要、归属与爱需要、自尊需要等都与此相关。

温暖策略关注的是如何使学生感受到他人、群体、组织和社会的温暖。学生总是生活在社会中，从家庭、邻里到班级、同辈群体、学校，再到家乡、国家，学生总是生活在具体的与特定人的联系之中。这些人如何对待学生，学生从中获得了何种感受，在很大程度上决定了学生会如何对待他人和世界。

从这个意义上说，思想品德不是"教"出来的，思想品德是个体日常生活实践的产物，是个体基于日常生活感受而确立的对他人和世界的态度以及相应的行为方式。

---

① 彭寿清：《德育对话模式探析》，载《湖南师范大学教育科学学报》，2005(1)。

一、温暖策略的情感哲学基础

日常意义上的温暖感受本身是一种情绪体验，包括安全、幸福等成分，而这种体验更多来自周围他人或群体的情绪或情感表达，因此温暖策略更多属于情感领域的策略。深入地理解和把握温暖策略，先要理解情感和情绪的本质。

(一)情感的内涵

情感和情绪高度相关，理解情感先要理解情绪。情绪是指"一种由客观事物与人的需要相互作用而产生的包含体验、生理和表情的整合性心理过程"①。这是一个被广泛认同的界定，包含了情绪现象的基本心理要素，即生理反应、内在体验和外在表达。

情绪代表了人对事物是否具有意义、具有何种意义的评价。阿诺德的评价理论认为来自环境的影响要经过人的评价与估量才能产生情绪。也就是说，人必须评价情境刺激对人具有怎样的意义，是否符合人的需要、意图或渴求。没有这样的评价，就不可能产生情绪。② 值得注意的是，这种评价不完全是知觉水平或意识水平上的，因此情绪也往往成为人的非理性的代名词。

情绪和情感都是基于事物属性与人的需要之间的关系而产生的，只是相对而言，情绪带有更多的生理学色彩，具有情境性和短暂性，而情感则更多与社会性内容相关，具有稳定性和深刻性。在现代心理学中把与主体有机生理需要相联系的态度体验称为情绪，把与人的社会关系需要相联系并受社会关系制约的态度体验称为情感。③ 但关于情感始终没有一个被公认的明确界定。"什么是情感？以及我们在研究情感时所使用的情操、心境、感情、情感体验以及其他有关的词汇的含义是什么？让人惊讶的是，对这些问题几乎没有任何定义性的回答。"④

情绪与情感之间没有本质的不同，只是情绪的生理学和心理学色彩较浓，情感的哲学、社会学色彩更为突出。需要是情绪和情感的唤醒基础，唤起情绪的更多是当下的、生物性的需要，而情感的唤起更多与持续性的、社会性的需要相关。人不仅具有来自遗传的生物性需要，也有来自后天社会文化环境塑造的社会性需要和精神性需要，如归属与爱、自尊等需要。随着人类社会的发展以及人的成长，人的社会性、精神性需要越来越丰富，也越来越成为人需要体系中的主要成分，与社会性、精神性需要相

---

① 乔建中主编：《现代心理学基础》，131 页，南京，南京师范大学出版社，2001。
② 孟昭兰：《人类情绪》，79 页，上海，上海人民出版社，1989。
③ 金盛华主编：《社会心理学》，194 页，北京，高等教育出版社，2010。
④ ［美］乔纳森·特纳、［美］简·斯戴兹：《情感社会学》，孙俊才、文军译，2 页，上海，上海人民出版社，2007。

关的就是情感。

对情感可以做如下界定：情感是因事物的社会性、精神性价值而产生的稳定且持久的内在体验和外在表达。李白《将进酒》中"斗酒十千恣欢谑"是一种情绪，而"与尔同销万古愁"则是一种情感。

情感的发生是独立于理性的。在这个意义上，情感是人的一种非理性的感受状态，是一种由具有特定社会性和精神性价值的事物而唤起的生命激活状态。这种激活状态既提供了丰富的生命体验，也为世界涂上了一层特殊的心理色彩。观看天安门升旗仪式时，我们体验到了自豪感、愉悦感，整个世界也因此而变得更加光明和灿烂。情感是人精神世界的重要方面，丰富多彩的情感体验能够带来多样的生命意义体验，而信仰之所以能够为人生提供意义支撑，也源自信仰中强烈的情感色彩。

(二)情感是价值的标识

人的世界是一个价值世界，世界是无限的，但对于人而言，只有那些与我有关联的世界才能成为"我的世界"，除此之外的世界于我而言并无意义。价值世界的根基在于人的需要。只有那些与需要有关的事物才能唤起情感，而与需要无关的事物难以进入人的情感世界。人的情感是人的价值世界的标识和边界。"生无可恋"表达的是一种绝望、冷漠的情感，因为这世界没有了值得追求的东西，再也无法唤起任何积极的价值感受，世界没有了可恋之处，人生也就没有了意义指向。

情感也表征着人的价值追求。情感不仅是对既有事物价值的感受，也是对特定价值追求的表达。人总是渴望积极的情感体验，拒斥消极的情感体验，因而特定的情感也表征着人的价值指向。理想、追求、信仰等本质上就是带有强烈情感色彩的需要或目的的表达。与此同时，那些能够唤起积极情感体验的事物往往具有较强的吸引力。伯兰特·罗素在其自传中说，有三种单纯而极其强烈的情感支配着他的一生，那就是对于爱情的渴望、对于知识的追求以及对于人类苦难的同情，这些情感是其一生不断思考和探索的不竭动力。

情感也是一种自我奖赏和激励机制。需要的满足或想象中的需要的满足带来的积极情感体验会带来愉悦感。成功之后的自豪是一种奖赏，挫折后的羞愧则是一种惩罚，而幻想中的金榜题名则是一种自我激励。在情感的绽放中我们感受到了生活和生命的意义，"任何个体都必然处在情感之中，并通过情感的绽放意识到自身的存在。就此而言，情感具有存在论意义上的重要性。也就是说，个体正是通过情感体验到自身的存在"[1]。

---

① 张志平：《情感的本质与意义——舍勒的情感现象学概论》，63 页，上海，上海人民出版社，2006。

（三）情绪的教育价值①

情绪对学生身心发展的工具性价值，指的是情绪对学生身心发展的动力功能和指向功能，以及相应的促进和制约作用。首先，情绪对学生身心发展的动力功能。情绪所代表的心理状态决定着学生从事各种活动的积极性、主动性水平，影响着心理活动和机体活动的效率与结果。适当的情绪会提高学生的表现水平，而不适当的情绪可能会降低学生的表现水平。比如，当学生处于积极的情绪状态，如高兴、满意等状态之中的时候，其认识的效率较高，身体机能的潜力会得到较大的激发；而当学生情绪低沉，正处于悲伤、沮丧、懊恼的心境之中的时候，其认识的效率较低，身体机能的潜力不能得到正常发挥。其次，情绪对学生身心发展的指向功能。学生的身心活动究竟指向何种对象，一方面取决于事物本身的性质，另一方面取决于学生的情绪。对那些能产生积极情绪的东西，学生相对而言更愿意接近和接受。比如，对那些能让学生感到愉悦，或者能让学生体验到成就感的事物，学生是愿意接近和接受的；而对那些可能伤害到自尊、使人沮丧的事物，学生会发自内心的畏惧、拒斥。一些学生之所以沉迷于网络，部分原因在于他们在现实中由于各种限制感受不到尊重、体验不到成就感，只能转向虚拟网络世界追求情感的满足。

情绪对学生身心发展的本体性价值，指的是情绪作为学生身心发展的重要方面和指标，其本身就应当被纳入教育的目标领域，成为教育的基本内容。情绪具有巨大的伦理意义和精神意义。

二、关心体谅模式

关心体谅模式由于关注学生的情感体验，重视教师对学生的积极情感投入，把情感看作道德成长的重要条件和基本途径，因此可以归于温暖策略的范畴。

关心体谅模式也被称为学会关心模式。这一模式大致形成于20世纪70年代初，为英国道德教育家麦克菲尔所创。他提出了"多关心，少评价"的德育思想。

麦克菲尔认为，"人类的基本需要是与他人友好相处，爱或被爱，帮助人们去满足这种需要是德育的首要职责"②。德育的核心任务是教学生如何关心。麦克菲尔认为，一个有道德的人就是能深思熟虑地考虑别人的意见，觉察别人的感觉，与人和谐相处，能时常从别人的角度去考虑的人。

正是从上述观点出发，麦克菲尔和他的同事致力于发展教学生如何关心的德育模

---

① 佟雪峰：《情绪的意义及教育对策》，载《当代教育论坛》，2010(1)。
② 冯增俊：《道德教育的体谅模式述评》，载《教育研究与实验》，1992(2)。

式。这种模式包含以下特征：其一，教育并不意味着教人知道他们不知道的东西，而意味着当他们不知道如何做的时候教他们怎样做；其二，德育要把气质修养和行为举止塑造与发展学生道德判断力结合起来；其三，在关心他人的生活中学习，观察学习和社会模仿是无法替代的重要德育方法；其四，创造适宜的课堂环境、校园环境和社会教育环境。①

这一模式的操作策略大致包括三个方面：其一，引导学生学会关心、学会体谅，并在关心人、体谅人中获得快乐；其二，角色尝试，麦克菲尔认为这有助于学生人际意识和社会行为的发展；其三，学校要重视营造和谐的人际关系和生活关系，关系比教材更重要。

麦克菲尔认为，关心体谅模式之所以能促进学生道德发展，关键是因为它凝聚着全部的道德力量。任何道德都必然靠理解和领会，而不是靠教授。麦克菲尔注重情感的感染力和榜样的作用，他坚信行为和态度在心理上是有感染力的，道德是感染来的而非直接教来的。向榜样学习是学生自然发展的基础，观察学习和社会模仿是学生获得关心人和体谅人的品质的重要方式。他特别强调学校在培养学生关心、体谅他人的意识时要注意两点：第一，营造相互关心、相互体谅的课堂气氛，使猜疑、谨小慎微、提心吊胆、敌意和忧虑在课堂生活中销声匿迹；第二，教师在关心人、体谅人上起道德表率作用。学生从教师所作所为中学到的东西多于从教师所教所说中学到的东西。②

三、感情投入策略③

人是一种感情动物。人一方面经常通过各种方式表露自己的感情，另一方面也需要别人的感情。对于学生而言，学校是其成长的重要环境，教师是其成长的重要他人，教师的关爱、信任以及接纳、尊重等感情指向和表达对学生的身心发展具有极其重要的价值。

(一)感情与感情投入的内涵

《现代汉语词典》对感情的解释是：对外界刺激的比较强烈的心理反应；对人或事物关切、喜爱的心情。在理论层面上，学者大都认为感情是情绪和情感的合称。"感情投入"迄今为止尚没有成为一个规范的学术概念。当我们提及对某人或某事的感情投入时，往往表示对某人或某事的关注、关心、兴趣，意味着情绪和情感被某人或某事牵

---

① 冯增俊：《道德教育的体谅模式述评》，载《教育研究与实验》，1992(2)。
② 景光仪：《西方体谅模式的理论与实践》，载《中国德育》，2006(10)。
③ 佟雪峰：《师生关系中教师的感情投入与管理》，载《教学与管理》，2012(12)。

引，同时也意味着对某人或某事某种程度的时间、精力和资源的投入。

感情投入可以被界定为，在价值评估的基础上，以特定的言语、表情等为表现形式，伴有时间、精力、资源投入的，对特定对象的情绪和情感的指向和表达。感情投入包括三个要素：一是价值评估，这是感情投入的前提。只有那些被认为是重要的、有价值的对象，我们才会给予感情投入，价值越大，投入也就越多。这里的价值既包括功利价值，也包括心理价值。功利价值指的是对象能够带来的物质、金钱等工具性利益，心理价值可以理解为对象对于主体的情感需要的满足。二是外部表现。感情投入总是以特定的外部线索表现出来，包括言语、表情、姿态、空间距离等。三是时间、精力和资源的投入，包括为了特定对象所花费的时间、提供的各种帮助等。

就师生关系而言，教师的感情投入指的是教师在对学生的价值具有充分认识的基础上，以特定的言语、表情等表现出来的对学生的喜爱、关切、欣赏、激励等积极情绪和情感，以及与此相伴随的时间、精力和资源的投入。对感情投入的这种理解类似于关怀伦理学的核心概念"关怀"。诺丁斯认为，"关怀有两种基本含义：首先，关怀与承担是等同的，如果一个人承担或者操心某种事态，并为之烦恼，他就是在关怀这些事情。其次，如果一个人对某人有一种欲望或者关注，他也是关怀这个人。换句话说，如果他注意到某人的想法和利益，他就是在关怀这个人"[①]。二者的区别在于，感情投入更多强调教师对学生的积极的情绪、情感的付出，强调教师无条件的道德承担和责任；而关怀伦理学的关怀虽然也重视关爱，但同时也强调被关怀者的适当反馈，并把这种适当的反馈看作关怀得以成立和持续的前提性条件之一。

(二)教师的感情管理

鉴于教育中感情问题的重要性及其复杂性，教师应当对自己的感情予以全面管理。教师的感情管理包括当下的情绪管理和长远的情感管理两个方面。当下的情绪管理主要指教师在一定的目的和规范的约束下，对自己情绪的识别、反省和调整；长远的情感管理主要指教师在一定的价值观的引导下，对特定情感的培育、激发和表达。

第一，认识并重视感情投入的教育价值，培养和激发积极的情绪和情感，包括对职业、对学生的积极情绪和情感，如对教育事业的忠诚、热爱，对学生的关怀等。激发和维持对教育工作和学生的积极情绪和情感是教师感情管理最主要的内容。

第二，提高对自身和学生情绪、情感的敏感意识和敏感度，及时甄别和反省自己的情绪和情感，及时、准确地识别学生的情绪和情感状态。教师的情绪、情感在学生看来是教师是否友善、是否真诚、是否热情的指示器。教师如果对自己的情绪、情感状态不敏感，就意味着自己的情绪、情感可能是自然的、自发的，而这种自然、自发

---

① 肖巍：《女性主义伦理学》，45 页，成都，四川人民出版社，2000。

的情绪和情感未必就是恰当的,不恰当的情绪、情感可能导致学生对教师的误解、疏离甚至拒斥。因此,教师必须对自己的情绪、情感状态保有一份敏感的自我意识。学生的情绪、情感是其内在知识、能力以及态度、价值观等的外部表现,教师对学生情绪以及情感的敏感就是对学生内部心理过程及倾向性的敏感,也就是对学生发展和变化的敏感。教师要善于根据言语内容、面部表情、姿态以及空间距离等方面的线索,敏锐、准确地判断学生的情绪、情感状态,从而为自己的情绪和情感表达提供基础。

第三,根据特定的目的和情境,恰当地表达和调节自己的情绪、情感。教师的感情具有职业性、教育性、表演性等特点[1],教师的感情投入最终要服务于教育目的,应以其是否促进学生身心的健康发展作为衡量其恰当与否的基本标准。对于特定的情境和对象而言,究竟何种感情有助于教育目的的达成,有赖于教师的实践经验、理论积累和教育智慧。在此基础上,教师应该注意恰当地表达和调节自己的情绪、情感。

对象管理——关注与忽略。教师应对那些涉及学生身心健康发展的原则性、方向性的表现予以关注,而对细枝末节、无关大局的表现不妨睁一只眼闭一只眼予以忽略,给学生留下足够的自由空间,防止学生产生被过度控制的感觉。

性质管理——选择与转换。教师应该在充分了解情绪、情感的表达规则和模式的基础上,在对学生的表现予以及时、准确判断的前提下,合理地选择与转换自己情绪、情感的性质,使其符合特定的文化传统、道德规范和教育目的。一方面,教师要考虑在一定的文化传统和道德规范条件下,何种性质的情绪、情感被认为是恰当的、合理的。另一方面,教师的情绪、情感还应该符合教育目的,即教师表达出的情绪、情感在特定的情境中应该有助于教学任务的完成,有助于学生的身心发展。而对那些可能无助于甚至有害于此的情绪、情感,教师应予以压制和转换。

强度管理——放大与压抑。过度强烈的情绪、情感容易失控,而情绪、情感失控乃是教育的大忌。因此,教师应对自己的情绪、情感表达的强度予以调控。对于合乎教育目的、有助于学生身心发展的情绪、情感,教师可以适当夸张地加以表现,但过度表现就有虚假的嫌疑。对于那些不符合教育目的、不符合特定教育情境需要、不符合教师与特定学生关系的情绪、情感,教师应当予以压制、约束,使其不能外显。

值得注意的是,教师的感情投入不能仅限于情绪、情感的指向和表达,与此相伴随的时间、精力、资源的投入也很关键。如果仅限于情绪和情感的外显而缺乏实质性的关心、帮助,就会给学生留下言不由衷甚至虚伪的印象,这种消极的印象可能会给师生关系带来长期的负面影响。

---

[1]　熊川武:《教育感情论》,载《教育研究》,2009(12)。

四、培养共情能力

共情能力指的是对他人情绪感受的理解和认同。在一定意义上，共情能力构成了道德品质的基础，没有共情也就没有同情、关心、尊重等基本的道德品质。对共情能力的培养，有助于教师对学生的共情，有助于教师提升自身情绪劳动素养、感情投入水平；有助于学生对教师、同伴、家人等的共情，有助于提升学生对来自教师、同伴、家人等的关心的感受，也有助于学生去关心他人。

（一）社会敏感性训练

敏感性训练又叫作"T-团体训练""人际关系训练"或"领导训练"。一般是把一批管理人员组成训练小组，集合到某一地点，在培训员的指导下，让小组成员进行一种既无议事日程，又无中心内容的对话活动。在这种活动中，小组成员的动机和感情可以通过对小组中其他人的行动或反应表现出来，小组成员再通过分析和讨论，加深对自身的认识，以提高对自己和对与别人关系的敏感性。

美国国家训练实验室曾把敏感性训练个人方面的目的排列如下：一是注意自己的感情和动机作用，建立更现实的个人行为标准；二是正确地感受自己的行为对别人的影响；三是了解别人的行为对自己的影响；四是增强对人与人之间差异的容忍力，接受别人善意的批评，加强听取别人意见的能力；五是增强坦率性，减少对别人的偏见，更为关心别人的需求。

（二）提高情绪识别能力

提高情绪识别能力主要包括：提高识别自己情绪的意识和能力、提高识别他人情绪的意识和能力。具体方法包括：用镜子分析面部表情、观察人的表情、从对方的语调识别感情、从对方的姿势识别感情。

（三）表现积极情绪和赞美他人

养成积极的面部表情、言语表情和姿态表情的表达习惯，包括微笑、欣赏、满意、兴奋等积极情绪。掌握赞美他人的方式，理解赞美的艺术。在人际交往中，恰当地运用赞美的语言，在实际生活中学会赞美并能与他人和谐相处。理解他人的赞美，学会适时赞美他人。

（四）积极归因

对他人言行尽可能地去做积极推断，尽可能减少对他人言行的消极归因，即尽可能地把他人往好处想，不要把他人当作"坏他人"来看待。

能够运用相关心理学理论，如马斯洛的需要层次论分析和判断他人的主导需要，对他人的气质、性格、品行、人际关系等进行准确判断，进而理解其言行的内在动机，理解其目标和价值观系统。

（五）换位思考，避免自我中心和社会偏见

人们由于在自我价值定向理论中强调自我价值保护倾向，喜欢用好的眼光去观察自己，倾向于把成功归因于自己而否认对失败负有责任，这种偏差被称为自我服务偏差或利己偏差。许多实验证明，人们喜欢将自己的成功归因于自己的能力、努力，将自己的失败归因于外在因素，如运气；而将别人的成功归结为运气，失败归结为无能。在利己偏差方面，人们倾向于用两种方式积极地看待自己：一种是认为自己是有益的和有道德的，另一种是认为自己是胜任的和有用的。

教师应有意识地控制自己的利己偏差和社会偏见，树立学生立场，善于从学生的角度看待和理解问题。

第五节
约束策略

人性是一种复杂的存在，其中既有源于人类生存经验进化而来的社会性本能，也有同样源于进化的攻击性等生物性本能。"一半是天使，一半是魔鬼"是对复杂人性的文学性表达，孟子、亚里士多德等先贤们对此也有清醒的认识。鉴于生物性本能的扩张会危及他人及社会关系，个体思想品德的发展必然要求约束人的生物性本能。

约束策略指的是通过外在力量约束个体的生物性本能，这种外在力量既可以是家长、教师等权威人物或重要他人，也可以是群体规范或群体风气等群体压力，当然也应该包括随着个体成长可能出现的自我约束。约束策略既包括约束的方法与路径，也包括能够产生约束效果的外部权威。

一、教师的道德权威

教师的权威尤其是道德权威是约束策略的基础。在我国传统观念中，教师的权威是天经地义的。现代社会的发展使得教师的这种权威地位受到了挑战和削弱。教师的道德权威因为文化的多元等因素而大大弱化了。教师的道德权威是如何获得的？这种

获得的合法性如何？教师应该有什么样的道德权威？如何才能建立道德权威？这些问题无论是对德育理论本身的发展还是对德育实践而言都是极为重要的问题。

(一)教师道德权威的成分分析

按照《现代汉语词典》的解释，权威有两个含义：使人信服的力量和威望；在某种范围里最有威望、地位的人或事物。这与英文的解释基本类似。权威是古今中外各种类型社会的一个普遍现象，这既与社会对正常社会秩序的需求有关，也与人类的特定心理需要有关。离开了权威的统摄和管理，社会可能会失去必要的秩序，人们可能会无所适从，从而导致社会和人类生活的紊乱。因此，权威向来是历史、政治等学科关注的重要问题。马克斯·韦伯根据权威的获得途径把权威分为三种类型：传统型、法理型以及卡里斯玛型。传统权威主要来自历史和文化的传承，即文化习俗的习惯性力量，如东方文化中的长者；法理权威主要来自大家所公认的规则，如法律、制度的授权，如各地行政长官；卡里斯玛权威主要来自个体自身因素所获得的影响力，也被称为感召权威，如著名学者。

教师道德权威可以被理解为教师在学生面前具有的道德方面的力量和威望，这种力量和威望使得学生不能不服从或者愿意服从教师以及教师所提出的道德规范。从韦伯关于权威的分类的角度看，教师的道德权威不属于其中的任何一种，而是三种权威的综合。

第一，教师道德权威是一种传统权威。在东西方文化，尤其是中国古代文化中，教师具有相当高的地位，与天、地、君、亲相提并论，具有同等的权威。尊师重道的儒家传统向来被视为儒家文化的基本特征之一。在这种文化氛围中，教师这种身份天然地具有一定的地位和权威。"言而不称师谓之畔，教而不称师谓之倍。倍畔之人，明君不内，朝士大夫遇诸涂不与言。"(《荀子·大略篇》)教师的权威可见一斑。

第二，教师道德权威是一种法理权威。从教师职业诞生的那一天起，教师就被赋予了社会代表者的角色，承担起了把人类社会的知识、道德规范等向下一代进行传授的重任。近代社会更是以各种形式规定了教师在教育中的地位和作用，教师成了对下一代进行教育的法定社会代表。当代各国有关教育的法律、法规中都有对教师地位、权威的明确规定，尊师重教已经不仅仅是一种文化导向，而且成了各国政府提高国民素质、推进社会全面发展的重要政策和手段。法律的授权、政府的支持成为教师道德权威的重要依据。

第三，教师道德权威还是一种卡里斯玛权威。对教师而言，仅仅具有传统文化的推崇以及法律、制度的授权，还不足以顺利完成教育的任务，因为教师的作用不仅仅表现在要求或强迫学生服从自己的意志和要求上，而且关键在于使学生的这种服从是自发的、自愿的。完全出于恐惧或迫于外在压力的服从完全违背了教育的宗旨和基本精神，也不利于学生的知识、人格、道德的发展。试想，一个冷漠、专制、自负的教师尽管得到了社会和政府的授权，具有了传统和法理权威，但他能真正做好教育人的工作吗？能具有真正的道德力量吗？因此，对于教师而言，仅仅具有传统权威和法理权威是不够的，教师还应该具有使学生出于内心的向往、热爱等积极情感而愿意服从的感召权威。缺乏这种权威的教师不是真正的教师，倒是更像监狱的管教。具体说来，教师的感召权威来自两方面：一是教师专业方面以及相关的教育学、心理学方面的知识、能力使得教师在教育和教学方面成为专家，得到学生的尊敬和推崇，从而具有相应的权威；二是教师因为个人的优良性格、高尚的道德修养等品质受到学生的崇敬和信任并愿意服从和仿效从而获得相应的权威。

因此，教师的道德权威应该是以上三种成分的混合，其合法性也来自这三个方面。而在这三种成分中，第三种成分尤为重要。因为在一定社会历史条件下，前两种成分基本上都是不变的，作为教师群体一员的某个教师会自动获得传统文化的推崇以及法律、制度的授权，因而自动获得传统权威和法理权威。而第三种成分，即感召权威却不会因为教师的身份而自动完全获得。英国教育哲学家彼得斯也因此把前两种权威称为形式权威，把第三种权威称为实质权威。因此，学生的认可、尊重、信任对教师的道德权威而言具有特殊的意义。缺乏学生尊重、认可的教师也就相应缺乏真正的、实质性的道德权威，也许就会出现所谓"道德权威不道德"的现象。

（二）教师道德权威的影响因素分析

作为一种社会现象，教师的道德权威是普遍存在的，但作为一种个体现象，不同社会历史条件下、不同的个体之间的教师道德权威却有着显著的差异。对这种差异及其原因的探讨对于我们准确、全面地认识教师的道德权威至关重要。总的看来，影响教师道德权威的因素主要有三类：社会因素、教师个人因素和学生因素。

1. 社会因素

教师的道德权威首先是一种社会现象，社会的方方面面的影响是显而易见的。

首先，社会制度的影响。不同的社会制度出于不同的阶级或阶层利益的考虑以及对未来发展设想的不同，对教育以及教师的重视程度和关注焦点是不同的，教师的权威尤其是道德权威也有很大的差异。比如，封建制度下的教师一般而言享有比资本主义制度下的教师更高的道德权威，而且在封建制度下统治阶层会有意或无意地加强教师的这种权威地位。在这一因素中，最直接的影响因素应该是政治因素，某一时期的政策与教师的权威和地位有直接的关系。

其次，文化传统的影响。不同的文化基于价值观的差异和历史传统的沉淀，对教育和教师的作用与意义的认识迥然不同。一般而言，儒家文化以及深受儒家文化影响的东亚文化，对教育和教师的重视程度要高于欧美文化，对教师的权威和地位的尊崇更为突出。在中国传统文化尤其是儒家文化中，教师居于非常高的社会地位，与天、地、君、亲相并列。"天降下民，作之君，作之师。"（《孟子·梁惠王下》）"天地者，生之本也；先祖者，类之本也；君师者，治之本也。无天地，恶生？无先祖，恶出？无君师，恶治？"（《荀子·礼论篇》）在中国，国家不过是家的放大，教师与家长、帝王一样享有自然而然的无上道德权威。而在西方文化中，除了中世纪教会统治时期以外，其以自由为基本价值的文化传统，使得西方人自古以来对官员甚至对政府的权力抱有深深的戒备，教师的道德权威也在此列。

与传统社会和文化中教师的尊崇地位相比，当代社会的发展已经使得教师的道德权威受到很大的弱化和挑战，这也是现代社会普遍性的权威弱化的必然产物。马克斯·韦伯称之为"众神时代"，意即不再存在唯一的、至高无上的"神"，每个人都是自己的主宰。现代社会科技的进步、民主的发展以及文化的多元化使得每个人的自我意识、独立意识及能力大大增强，人们已不再需要一个外在的如神一般的权威来指导自己的生活和人生方向，自主和选择成为个人的流行语，无论是社会还是个人都没有权利和义务要求某一个人一定要按照某种模式生存和发展。在这种历史背景下，权威的弱化成为普遍和必然，教师的道德权威的弱化也就不可避免了。

2. 教师个人因素

第一，教师的知识、能力。教师的知识、能力与教师的道德权威之间有着密切的关系。教师的知识、能力越强，教师越容易获得学生的认可和尊重，这样越有助于教师道德权威的提升。

第二，教师的道德修养。年龄较大的学生已经能够在一定程度上判断和评价教师的言行，而且这种判断和评价会影响到学生对教师言行的反应。教师对道德规范的尊重程度和遵守方式会极大地影响教师在学生心目中的形象，形象越是高大、完美，对学生的道德影响力越大，教师的道德权威也就越高。

第三，教师的个性特征和教育方式。性格严峻和性格随和的教师都有可能获得较高的道德权威，关键在于教师要能够恰当地对待学生。公正是其中的关键因素，学生对于是否得到了教师的公正对待尤其敏感。有调查表明，公正是影响教师威望的主要因素。[①]

3. 学生因素

第一，学生的年龄。一般而言，学生的年龄越小，教师越容易获得权威，尤其是小学三年级以下的学生，向师性非常明显。在他们的心目中，教师的言行是唯一的标准，教师几乎获得了如神一般的令人崇敬的地位和权威。学生年龄较小，相应的知识、

---

① 涂敏霞：《平等互动：现代学校师生关系的新境界——"教师与青少年"（广州地区）调研报告》，载《当代青年研究》，2000（2）。

经验和能力都非常缺乏，同时特定的心理需要，如依附和归属等特别强烈，导致教师的权威非同寻常。

第二，学生的家庭教养方式和个性等。心理学把家庭的教养方式分为三类：权威型、民主型和放纵型。一般而言，权威型家庭的学生对权威的需要和认可程度要高于其他两种类型家庭的学生。个性方面，性格较为独立的学生相对而言可能不容易服从教师的道德权威，焦虑水平较高的学生可能更渴望外在道德权威的管理与引导。

(三)教师道德权威的作用和应然建构

道德权威对教育过程而言是不可或缺的。从社会的角度看，教育的主要任务和过程在于把社会认可的知识、能力和道德规范等传递给下一代，这本身就是一个依靠权威的过程，也是一个宣传权威和扩展权威的过程。从个体的角度看，"儿童的道德与理智正处于成长过程中，他们没有能力认识自己的行为所能导致的后果，因此，只能服从社会领域中的权威的引导"[①]。弗洛伊德的人格理论表明，外在权威是个体人格自我确证和自我肯定的力量源泉，缺乏一定的权威，外在的道德规范根本就不可能内化为个体内在的道德品质。良心不过是外在道德规范的内化而已。马斯洛也认为："自我实现并不适用于青年人……他们还没有学会如何变得有耐心；他们也还没有充分意识到他们自己和他人的罪恶……他们的学识和受教育程度也还没有使他们变得更聪明。"[②]正是出于对道德权威价值的认识和对当前教师道德权威弱化的担心，许多实践和理论工作者纷纷呼吁要重建教师道德权威。

但道德权威的负面影响也不可忽视。首先，道德权威的存在显然有悖于人的个性和民主价值观。弗洛伊德认为，权威主义伦理学是由权威说明什么对人是善的，并由权威规定行为的法则和规范，否定人有识别善恶的能力，强调价值规范的设计者是凌驾于人之上的权威。[③]道德权威的存在意味着其本身具有其他人所不具有的道德优势，是他人道德的先知和领路人，这显然与现代社会的平等和民主观念相背离。其次，过度的道德权威易导致权威主义人格的形成。权威主义人格是指在家长制或过度权威的环境中成长和生活的个体所具有的一种特殊的性格特征。这种人格一方面崇拜、服从权威，而且只有依附于权威才能获得安全感和力量；另一方面又要求下属把自己当作权威来绝对服从，如同自己对待权威一样。这种人格显然与现代社会的潮流背道而驰。

对道德权威负面影响的担心不能说没有道理，但不可谈权威色变。无论是从社会的稳定与发展的角度看，还是从个体道德成长的角度看，一定的道德权威仍然是必要

---

① 周浩波：《教育哲学》，164 页，北京，人民教育出版社，2000。
② 转引自姚俊红：《价值澄清教育流派述评》，载《外国教育研究》，2004(1)。
③ ［美］埃·弗洛姆：《为自己的人》，孙依依译，30～31 页，北京，生活·读书·新知三联书店，1988。

的、有价值的，学校的道德教育更是如此。没有道德权威的道德教育是不可想象的。因此，问题的关键不在于要不要权威，而在于权威以什么样的方式存在、以什么样的方式发挥作用。要既能使权威发挥引导、规劝、榜样的作用，又能对权威加以必要的约束和限制，以免陷入权力主义、权威主义的泥潭，这才是关于权威的合理思路。

首先，对社会和学校而言，应该坚持树立和努力维护教师的传统权威和法理权威。教师的这两种权威主要通过社会的授权而建立，也通过社会的信任、支持而得以保持。这里既包括了精神上的褒奖、鼓励，也包括了物质上的保障和支持。社会应通过立法等形式保障教师的经济收入和地位，以免教师因为穷困而"斯文扫地"；同时也要通过各种媒体大力宣传教师的重要作用，提升教师的社会影响力，努力营造全社会尊师重教之风。学校应该在遵守各项法律、法规的前提下努力维护教师在学生面前的正面形象和权威，尽力营造爱护教师、尊重教师的和谐校园环境。

其次，对教师而言，应该努力树立自己的感召权威。真正的道德权威是教师的感召权威，教师不应该仅仅满足于形式的、表层的道德权威，而应该努力建立起自己的实质权威。一方面教师应该努力提高自己的文化知识修养和能力，确保自己在所教学科方面的专业权威形象；另一方面教师应该遵守各种道德规范，以道德的方式对待学生，关心、爱护学生，公正地对待学生，努力获得学生的信任和尊重。教师只有这样才能对学生的道德发展起到示范和引导作用，促进学生内化社会主流价值观念。

最后，对教师的道德权威做出必要的限制和规范，避免灌输、强迫等权力主义思想和方式的泛滥。这种约束和限制一方面要靠教师自身的思想、文化、道德修养提供理性的反思、控制，另一方面制度的保证和约束也是极为必要的。

对教师而言，一方面要认识到道德权威对于学生道德成长的重要意义，另一方面要清醒地认识到过度的道德权威对于学生道德成长的不利影响，从而有意识地控制、约束自己的道德权威的过度张扬。"道德先进的作用和意义在于道德示范和道德吸引，而不是强行一律，甚或居高临下式的道德权威主义强制。"[①]教师应该深刻意识到灌输和强迫不可能培养出道德，以不道德的方式不可能培养出有道德的学生。在教育工作中，教师要坚决反对和杜绝不管学生内在的意愿和接受能力，利用身体或心理层面的强制来迫使学生服从自己的意愿或命令的做法和指导思想。

对教师道德权威的限制和规范主要依靠教师自身的理性反思，同时相应制度的约束也是必不可少的。毕竟人的理性是有限的，何况也并不是所有的教师都能够或愿意以理性约束自己的言行，因此必须建立相关的规章制度来规范和约束教师道德权威的行使方式和力度。比如，学校可以考虑建立学生处分或批评申诉制度，那些认为自己受到了不公正待遇的学生，可以通过这种制度为自己辩护。这种制度能使学生获得一

---

① 罗国杰主编：《伦理学》，33 页，北京，人民出版社，1989。

种被重视和公平对待的感受，避免因被处分或批评而产生过激的言行。教师也可以因此在处分或批评学生的时候变得更加慎重，避免武断和偏激。

二、礼仪规范对个体情感的规约与引导

情感是生命现象的重要表现形式，从某种意义上说，人正是通过情感的绽放体验到生命存在的。情感是个体思想品德发展的动力，也是思想品德发展的重要内容。按照唤起情感的来源，情感既有源自生物性本能的生物性情感，也有源自社会性本能的社会性情感和精神性情感。在对情感的规约与引导方面，先秦思想家们为我们留下了丰厚的遗产。

先秦儒家重视和尊重人的真情实感，推崇情感表达的自由与多样，但也认为这种真情实感需要规约和引导。"人生而静，天之性也。感于物而动，性之欲也……夫物之感人无穷，而人之好恶无节，则是物至而人化物也。人化物也者，灭天理而穷人欲者也。"（《礼记·乐记》）情感于物而动，只是对情感的放纵容易导致人的物化。人的本质属性是人的社会性，人总要与他人结成恰当的关系才能融入社会，情感表达的无节制可能伤及这种关系，因而人的情感需要秩序和引导。这种秩序和引导的依据与法则就是礼。通过礼的约束和引导，人融于群体和社会之中，在与他人的密切关联中，体验世间的和谐与美好。

（一）礼之必要性和合法性

先秦儒家把礼理解为秩序，"礼者，天地之序也"（《礼记·乐记》）。礼源于对人与人之间争和乱的管控，"礼起于何也？曰：人生而有欲，欲而不得，则不能无求。求而无度量分界，则不能不争；争则乱，乱则穷。先王恶其乱也，故制礼义以分之，以养人之欲"（《荀子·礼论篇》）。礼的核心价值在于"定亲疏，决嫌疑，别同异，明是非也"（《礼记·曲礼上》）。从情感社会学的角度看，礼可以理解为情感的社会规范，即来自个体外部的对个体情感的约束法则。

礼发挥规范作用的前提是礼的合法性，这种合法性源自礼的神圣性和历史性。《说文解字》对礼的解释是："禮，履也，所以事神致福也。从示从豊，豊亦声。"示表示对天、日、月、星等神灵的祭祀。把礼与天地、祭祀相联系，凸显了礼的神圣性。把礼与先王相联系，则凸显了礼的历史性。《礼记·礼运》引用孔子的话说："夫礼，先王以承天之道，以治人之情，故失之者死，得之者生。"《礼记·礼运》也云："圣王修义之柄、礼之序，以治人情。"与此同时，先秦儒家也重视礼与"人之常情"的关联，以增加礼与人的亲和性。例如，《郭店楚简·语丛一》云："礼因人情而为之。"《郭店楚简·语丛二》中也有"礼生于情"的表述，《郭店楚简·性自命出》的表述是"礼作于情"。礼上接

天命与圣王，下接人伦日常，使得礼对人情感的规范获得了合法性。正如《诗经·毛诗序》所言："发乎情，民之性也；止乎礼义，先王之泽也。"

（二）礼以养情

荀子已经认识到了礼对情的规约及引导作用。"孰知夫礼义文理之所以养情也"（《荀子·礼论篇》）。荀子认为礼可以养情，如果没有礼义规范而一味放纵情感则必然走向灭亡。礼，即理或法度，即社会规范或社会主流价值观念。所谓"养情"，即规约和引导情感。

首先，礼对情感的规约。人总是要与他人结合成群，"人之生不能无群，群而无分则争，争则乱，乱则穷矣"（《荀子·富国篇》），"先王恶其乱也，故制礼义以分之"（《荀子·礼论篇》）。"度量分界的实际意义在于把人区分为不同等级和地位，同时为每一等级和地位中的人规定各自的权利和义务。后者从否定的方面看要求个体不可彼此越界，从肯定的方面看则意味着每一个体都可以得其应得：在界限允许的范围之内，个体可以得到与其身份、地位一致的社会资源。"[①]

"礼者，贵贱有等；长幼有差，贫富轻重皆有称者也"（《荀子·富国篇》）。礼规定了不同个体的权利、义务，通过礼的规约，社会成员能够各安其分，各得其所，社会也就能和谐稳定了。相应地，个体之间的情感表达应该与自己和对象的身份相一致。"礼也者，贵者敬焉，老者孝焉，长者弟焉，幼者慈焉，贱者惠焉"（《荀子·大略篇》）。子夏问孝，子曰："色难。有事弟子服其劳，有酒食先生馔，曾是以为孝乎？"（《论语·为政》）在孔子看来，供养父母并不是最难的，最难的在于子女要在父母面前表达出特定的情感。也正因为礼对于个体社会角色的规约作用，孔子才说"立于礼"，即个体只有通过礼对自我的约束才能担当特定的社会角色，才能被其他社会成员和社会所接纳，才能作为一个合格的社会成员"立"于社会之中。

其次，礼对情感的引导。礼一方面对个体的情感提出了规范限制，另一方面也为个体情感的发展指出了方向。个体通过对礼的不断实践和体认，不断用礼修正自己的情感体验和表达，不断提升自身的道德品质，就能达到德性的完善，跻身于"君子"（有德者或有位者）之列。"君子有九思：视思明，听思聪，色思温，貌思恭，言思忠，事思敬，疑思问，忿思难，见得思义"（《论语·季氏》）；"质胜文则野，文胜质则史。文质彬彬，然后君子"（《论语·雍也》）；"君子坦荡荡，小人长戚戚"（《论语·述而》）；"君子泰而不骄，小人骄而不泰"（《论语·子路》）。通过礼的外在约束和自我约束，个体控制自身的自然情感，以礼义为根本，使行动符合礼节，言语表达谦逊，态度诚恳，

---

① 杨国荣：《何为儒学？——儒学的内核及其多重向度》，载《文史哲》，2018(5)。

就能达到德性的完善，"君子义以为质，礼以行之，孙以出之，信以成之。君子哉！"（《论语·卫灵公》）

礼对情感的规约作用是显著的，"故礼之教化也微，其止邪也于未形，使人日徙善远罪而不自知也，是以先王隆之也"（《礼记·经解》）。但这种作用并不是无条件的，《礼记·礼器》有云："先王之立礼也，有本有文。忠信，礼之本也。义理，礼之文也。无本不立，无文不行。礼也者，合于天时，设于地财，顺于鬼神，合于人心，理万物者也。"钱穆先生对此的理解是："言礼必和顺于人心，当使人由之而皆安，既非情所不堪，亦非力所难勉，斯为可贵。若强立一礼，终不能和，又何得行？故礼非严束以强人，必于礼得和。此最孔门言礼之精义，学者不可不深求。"[①]礼对情感的规约应合乎情感的自然本性，同时也要顺应天时、地利。只有礼的这种规约外合乎社会，内合乎人心，才能起到引导情感的作用。"道不远人"，此之谓也。

通过礼的规约和引导，通过对礼的不断内化，个体逐渐成为一个合格的社会成员。在这一过程中，个体不断增强与他人、群体和社会之间的密切关联，不断通过他人、群体和社会确证自我价值，从中获得安全、归属、爱、自尊等生命的丰富体验。

三、日常行为的约束：家庭中的礼仪教育

个体思想品德发展的一个重要规律是年龄越小教育越是重要，在这个意义上，家庭教育是个体思想品德成长的关键。当前学校教育尤其是学校德育的难题之一，就是家长与学校之间的配合不够和不全面，部分家长在教育孩子方面的观念和方式存在较大偏差。因此充分重视和指导家庭教育，充分发挥家庭教育在约束和引导孩子方面的作用，就成为学校教育尤其是学校德育的重要内容。

（一）行为在先，重视子女家庭礼仪行为习惯的培养

中国传统家庭礼仪的践履性突出，尊重、谦让、孝敬等诸多道德品质都见于具体的礼仪言行中，并在日复一日的践行中得到强化。因而，现代家庭礼仪教育的重点不仅是要让子女知晓规范或准则，而且是要让子女身体力行，将礼仪的道德内涵和外在行为相结合，并在实践中得以展现。培养子女的家庭礼仪行为习惯，要做到以下两点。

首先，家长要及早培养子女的规则意识。家庭礼仪也是一种规则，目的在于规范言行。对于小学生来说，他们思维活跃，在言行上"易放不易收"，此时就需要家长制定适当的礼仪规则来进行约束。在培养子女的规则意识上，家长可以遵循以下几点建议。

---

① 钱穆：《论语新解》，18 页，北京，生活·读书·新知三联书店，2002。

其一，让子女参与礼仪规则的制定，以加深子女对礼仪规则的理解和认同，增强礼仪规则的可行性。对于外界的某些规则，子女常以被动的姿态遵守，强制性色彩浓厚，因此要让子女参与礼仪规则制定，使其不只是礼仪规则约束的客体，更是礼仪规则探索的主体，从而唤醒子女礼仪规则遵守的主体意识。

其二，礼仪规则的内容要具体适切。家庭场域下有着具体的生活情境、丰富的教育场景，对子女的道德性规则的建立和生活习惯的养成具有天然的优势，因此，家庭礼仪规则的内容要相应地侧重这两个方面。同时内容的呈现要尽量具体，如与长辈交谈使用"您""请"等敬语，任何时候都要及时回应父母的问话，用餐时不大声讲话等，这些都是具体的礼仪规则。

其三，积极维护礼仪规则的权威性。一方面，礼仪规则是既定的行为规范，一旦确立就具有稳定性，不可随意更改。同时，维护礼仪规则的权威性更在于一以贯之的实施，对于礼仪规则的弃用和违背行为不仅损害了礼仪规则的权威性，还助长了子女的反规则意识。另一方面，通过适当的惩罚措施维护礼仪规则，让子女承担不遵守礼仪规则带来的后果。

其次，在实践和强化中养成礼仪的行为模式。家长要清楚地认识到只有在不断的实践中，家庭礼仪才能保持鲜活的生命力。一方面，家长要积极创造家庭礼仪行为再现的各种机会，以促进子女的礼仪言行的再现。例如，通过增加生活仪式感的方式将礼仪渗透到日常生活的方方面面，可以是睡前或起床后相互道一句"晚安"或"早安"，也可以是各种形式的家庭集体活动。另一方面，家长要对子女的礼仪言行及时反馈。心理学证明，及时反馈在强化训练中尤为重要。在家庭礼仪教育中，家长既要对子女良好的言行给予积极反馈，也要对子女不良的言行给予消极反馈，利用负强化消退子女的不良言行。并且，反馈不仅要以语言的形式进行，还要注重非语言反馈的重要力量。一个微小的表情、一个表示鼓励的小动作或是回应以适当的礼仪，都对家庭礼仪行为的再现起到了积极作用。

(二)增加共同关注，重视非连续生活事件和生活细节

生活是礼仪的发源地，礼仪来源于生活，无法脱离生活而存在。人们在生活中不断试探、触碰人际交往的准则和界限。因而，家庭礼仪教育也不应脱离家庭生活，家长尤其要关注非连续生活事件和生活细节的教育作用，以增加子女和自己之间共同关注的焦点，达到润物细无声的效果。

一方面，结合小学生的身心发展特点来看，小学生的注意力和关注点多集中在一些重要节日、重大活动，家长要紧紧抓住这些非连续生活事件并主动设置互动焦点，充分挖掘重要节日、重大活动所蕴含的礼仪教育资源，有意识地进行一系列活动。以春节为例，春节作为我国重要的传统节日之一，其蕴含的拜年、祈福、守岁等传统风

俗无不体现礼仪文化，子女在践行过程中遵守相应的礼仪要求，展现礼仪行为，获得礼仪回馈，在礼仪互动中积聚礼仪情感，增强对中国传统礼仪文化的认同感，这种具有目的性、参与性、回应性、情感性的礼仪互动正是成功的家庭礼仪教育的典范。

另一方面，进行家庭礼仪教育也可以根据家庭礼仪中的某一主题，以发生在身边的生活事件，让子女感同身受、切身体会。例如，为了更好地让子女理解与"孝"有关的家庭礼仪，可以让子女多参与家庭劳动，体会父母的辛劳；可以根据某一内容创设真实生活情境，让子女代入角色或以旁观者的身份进行观看以获得替代性经验，从而唤起其对礼仪行为的心理认同，以反思或纠正自身行为。

(三)注重家风建设

家庭礼仪教育离不开家庭环境的熏陶，和谐有序的家风能促进家庭礼仪教育的开展。"礼之用，和为贵"，礼的核心是和。家风建设便是要建构一种父慈子孝、兄友弟恭、夫和妻顺的和谐，而和谐的家风正是通过外在的礼仪得以展现的。和谐家风的建设离不开家庭价值观念和礼仪言行。

一方面，家长要不断提高自身的文化素质和礼仪修养，树立和谐的家庭价值观念。如果家长不懂得建立和谐的人际关系，做到尊重他人、孝顺长辈、恭敬有礼，那么和谐有序的家风就很难建立。此外，家庭成员之间的和谐人际关系是家风建设的重要影响因素。因此，一来，父母之间应该自重自爱、互敬互爱，建设和睦的夫妻关系；二来，家长应该通过平等沟通建立和谐的亲子关系。家长应该尊重并给予子女表达内心真实想法的机会，积极聆听子女的想法和意见，发自内心地理解子女的内心世界，让子女感受到自己被承认、被尊重，从而实现亲子之间的有效沟通，建立亲子之间的和谐关系。

另一方面，家长可以结合家庭情况制定符合家庭需要和具有家庭特色的家规家训，明确家风家训的主要内容和相应的奖惩措施。同时，家长可以以文本记录的方式将家风具体化，给子女提供一个明确的行为范本或设置行为边界，规范子女的言行举止，使之有规可循，有矩可蹈。此外，子女应该充分认识到自己在家庭伦理关系中的角色与责任，坚持践行符合身份角色的礼仪行为，避免家风仅仅停留在观念层面。此外，家长作为家风建设的主体，不仅要在对子女提出要求之前身身为之，而且要肩负起传承家风的责任，教导子女自觉维护、秉承礼仪家风，使之代代相传。

(四)积聚情感能量，增加情感共享体验与情感互动

家庭礼仪教育情感能量表现为子女对家庭礼仪行为的认同，是子女美好品质的体现，以及对欲望的节制和约束。只有激发子女对礼仪行为所蕴含的价值进行情感体验，才能使他们将礼仪价值观内化为自身的价值认同，形成稳定的情感能量，进而提升家

庭礼仪教育的实效。家长要增强对子女的情感教育，重视亲子之间的情感交流，关注子女情绪、情感的变化和体验。

一是家长要增加"身体在场"的频次。家长可以与子女共同参加一些家庭活动或社会实践，以增加情感共享体验。通过持续互动的家庭集体活动，在为了达成某一目标而进行合作、交流、分享的过程中，子女会产生某种集体性的情感，体验情感共振，形成情感合力，为家庭礼仪教育提供源源不断的积极的情感能量。

二是家长要学会做一个倾听者，通过真诚温和的谈心与子女平等沟通，了解子女的内心想法和真实需要。进入现代社会，忙碌的工作使家长忽略了与子女之间的精神交流。工作之余，家长可以充分利用好睡前的亲子时间与子女进行深入而暖心的交流，可以是简单的"心情分享"，也可以是一天的"奇闻趣事交流会"，或者是一个"晚安小故事"，这些都不失为加强亲子情感交流的好方法。

三是家长要直接、具象地表达对子女的关爱，坚持正面教育。由于小学阶段是形象思维和情绪情感发展的初级阶段，小学生往往更容易接收和理解比较直接、具体、感性的情感表达方式。因此，家长要善于直接表达自己的情感，特别是一些鼓励性、赞美性的话语。当子女切实感受到家长的爱时，才能激发出正向的情感能量，唤醒其对家长的敬爱之情，为良性礼仪互动奠定情感基础。

（五）身教与言传

家庭礼仪教育是一个互动的过程，也是家长和子女在不断地交流、沟通中实现共同进步和发展的过程。因此，家长需注意个人的修养和行为，做到正己和身教。正所谓"其身正，不令而行；其不正，虽令不从"（《论语·子路》）。身教会使人跟从，不用过多的语言、命令也能达到教育的初衷，如果仅仅流于说教，只会招致争吵与是非。家庭礼仪教育需要家长在行为上对子女进行示范。子女在成长过程中表现出的行为方式或习惯，甚至是遇到问题时的处理方式都会或多或少地效仿家长，家长一些不经意间的小习惯、动作，如说话语速、行走姿态等，都会引起子女无意识地模仿。只有家长在家庭礼仪行为方式上以身作则，才能对子女发挥行为引导作用，为子女深入认识、理解和认同家庭礼仪奠定基础。

家长还应当坚持将身教与言传相结合。身教需要后续的言传进行强化，只有建立在身教基础上的言传才更有说服力。家长应该注重在语言上对子女家庭礼仪行为方式的引导，或是以口头表达的形式，或是以家规、家训等为载体的文字记录，应该将家庭礼仪行为方式的具体要求，如"使用尊称""文明用语"等，融进符合家庭语言风格的礼仪教育中，帮助子女养成礼仪行为习惯，在家庭礼仪行为方式中加深对家庭礼仪的理解与认同。

四、班级文化建设：群体规范对个体的约束

(一)群体规范及其作用

群体规范指的是群体确定的行为标准。这个标准为群体的成员所公认，而且是每个成员必须遵守的。群体规范既包括明确规定的准则条文，如法律、制度等，也包括自发形成的、无明文规定的风俗、习惯、舆论、时尚、公约、规则等。此处主要讨论的是后者，即通过群体成员间的互动自发形成的规范。

社会心理学认为，在特定的群体中，在群体成员彼此相互作用下，会发生类化过程，即彼此接近、趋同的过程。这一过程是相互模仿、暗示、博弈的过程，群体规范的形成受模仿、暗示、从众、服从等心理因素的影响。

群体大多数成员的意见会产生一种无形的力量，使群体内每一个成员自觉或不自觉地保持着与大多数人的一致性，这个力量就是群体压力。这个压力会对群体成员有一定的约束力量，要求群体成员共同遵守一定的行为准则。群体压力虽然不具有强制的性质，但对于个体而言，却是一种难以违抗的力量。群体规范的作用主要体现在以下三个方面。

第一，维系群体的作用。群体规范统一着群体成员的意见和看法，调节着他们的行为。没有群体规范，群体便失去了整体性。

第二，认知的标准化作用。群体规范使群体成员在对特定对象的理解、态度等方面保持大致的一致性。

第三，行为的定向作用。群体规范使群体成员表现出大体相似的行为特点，影响甚至决定着群体成员应该做什么以及不应该做什么，也包括怎样去做等方面。

(二)班级文化的功能

班级文化是班级师生在班级生活中所创造的各种物质和精神财富的总和，既包括显性的环境文化和物质文化，也包括隐性的制度文化和精神文化。班级的制度文化和精神文化可以理解为班级的一种气氛、一种风尚、一种生活方式，是一种潜在的教育力量，无时无刻不在潜移默化地影响着学生。班级制度文化和精神文化构成了班级文化的核心。班级文化的功能主要体现在以下三个方面。

第一，引导与规范功能。班级文化作为一种特有的教育力量，渗透于一切活动之中，它所形成的社会心理动力氛围对于学习、生活于其中的学生而言具有引导、规范作用。

第二，凝聚功能。班级文化是班级成员共同创造的群体文化，优良的班级文化是

在班级成员充分、深入的交往、沟通基础上形成的，寄托着他们共同的理想和追求，体现着他们共同的情感、态度与价值观念。这种共同的情感、态度和价值观念会激发学生强烈的认同感与归属感，从而形成强烈的向心力、凝聚力和群体意识。

第三，激励功能。班级文化的激励功能主要体现在班级文化能为其成员提供社会支持。在一定条件下，班级文化对成员的赞许、鼓励和支持，会进一步强化成员的特定行为。积极向上的班级文化会对奋斗但未成功的学生提供安慰和鼓励，会对处于经济或家庭困境的学生提供帮助和慰藉，会对为了班级荣誉拼搏进取的学生提供鼓励和褒奖等。

(三)班级制度文化建设[①]

班级制度文化建设应该包括两个方面：外显的班级规章制度的制定、内隐的班级成员对班级规章制度的认同与内化。后者即班级规章制度在班级成员心中的确立，是班级制度文化建设的核心。

1. 班级规章制度的制定

制定班级规章制度要注意以下问题。

第一，制定班级规章制度应具有方向性。

第二，制定班级规章制度应具有群众性。班级规章制度是全班学生共同遵守的行为准则，制定班级规章制度要经过全班学生的反复酝酿，充分发扬民主，要让每个学生都有机会表达自己的观点和看法，要尊重每个学生的意见和建议，以提高执行的可行性。

第三，制定班级规章制度应具有可操作性。

第四，制定班级规章制度应具有严肃性。

2. 班级规章制度的内化

对学生而言，班级制度文化的形成，要经过树立—服从—同化—内化的过程。班级规章制度的制定是开端，学生对班级规章制度的内化是目的。相对而言，班级规章制度的制定较为容易，但如何使这些班级规章制度内化为学生愿意遵从的规范才是最为困难、最为重要的环节。

第一，鼓励、引导学生积极参与班级规章制度的制定，尽可能让每一个学生把自己的意见表达出来，并且尽可能地把每一个学生的意见在班级规章制度中体现出来，把班级规章制度变成每一个学生"我的"规章制度，消除学生对班级规章制度的距离感、对立感。

第二，严格监督班级规章制度的执行，保证班级规章制度执行的公平、公正，不

---

① 段作章、刘月芳主编：《德育与班级管理》，136～137 页，南京，南京大学出版社，2014。

能因为某个学生成绩好或者教师偏爱某个学生，就对这个学生的问题回避或从轻处理。

第三，树立遵守班级规章制度的学生典型，发挥其模范带头作用。

第四，增强班级凝聚力，增强学生对班级的归属感。

(四)班级精神文化建设①

班级精神文化是班级在一定的社会文化背景中、在社会主流价值观念的影响下，经过社会、学校和班级成员等诸方面的长期共同影响和作用形成的为班级成员所共同认可的价值观、信念、态度等。它主要通过班级目标、班级舆论、班级口号、班训等表现出来，是一个班级的个性和精神面貌的集中反映。班级精神文化建设主要应从以下两方面入手。

1. 制定班级的共同奋斗目标

一般应遵循以下要求：全面性与针对性统一；长远性和渐进性统一；先进性和可行性统一。

2. 培养正确的集体舆论，形成优良的班风

班风，指一个班级的精神风貌，是一个班级稳定的、具有自身特色的集体作风。班级的风气是班级中大多数学生的思想觉悟、道德品质、意志情操、学习态度和精神风貌的集中反映，又被称为组织人格。集体舆论可以通过以下路径培养：确立班风建设的目标；严格要求，坚持不懈；扶正祛邪，树立榜样。

第六节
践履策略

践履策略指的是引导学生积极参与社会关系实践。在这种实践过程中，学生要了解、明确和承担自己的责任，并在其中确证自我的价值和社会关系的价值，主要包括参与班集体建设、参与家庭和社区建设、维系自我人际关系、承担特定责任等，也包括关爱自我、锻炼身体等。

社会关系实践至少有两个方面的作用。

首先，通过社会关系实践，学生能够验证相关道德规范的意义和价值，尤其是通过社会关系对象的积极回馈，学生能够深入理解相关规范的意义。比如，通过帮助他人、被帮助者的变化或收获以及被帮助者的积极回馈，学生能够深入理解"乐于助人"

---

① 段作章、刘月芳主编：《德育与班级管理》，138～141页，南京，南京大学出版社，2014。

这一道德要求的内涵与价值。

其次，社会关系实践同时是一种回馈他人的方式。学生通过参与社会关系实践，通过对他人、群体的帮助，获得他人、群体的肯定，能进一步密切自己与他人、群体的关系，也能够获得自我价值的确证，进一步固化相关需要或理念。

亚里士多德认为，德性分两种，即理智德性和道德德性。"理智德性主要通过教导而发生和发展，所以需要经验和时间。道德德性则通过习惯养成，因此它的名字'道德的'也是从'习惯'这个词演变而来。……（德性要）先运用它们而后才获得它们。这就像技艺的情形一样。……我们通过做公正的事成为公正的人，通过节制成为节制的人，通过做事勇敢成为勇敢的人。……所以，我们应当重视实现活动的性质，因为我们是怎样的就取决于我们的实现活动的性质。从小养成这样的习惯还是那样的习惯决不是小事。正相反，它非常重要，或宁可说，它最重要。"①

一、参与班级管理：目标管理策略②

目标管理策略被认为是人力资源管理领域最有效率、最能充分发挥群体成员潜力的管理方式之一。这一策略运用在班级管理中也同样有效。这一策略对于充分调动学生积极参与班级管理具有重要参考价值。

(一)目标管理理论简介

目标管理本质上是一个程序或过程，它使组织中的上级和下级一起协商，根据组织的使命确定一定时期内组织的总目标，由此决定上、下级的责任和分目标，并把这些目标作为组织评估和奖励每个单位和个人贡献的标准。目标管理具有以下优点：其一，内在激励。当目标成为组织的每个层次、每个部门和每个成员自己未来时期内欲达到的一种结果，且实现的可能性相当大时，目标就成为组织成员们的内在激励。其二，任务明确。使组织各级主管及成员都明确了组织的总目标、组织的分工与合作及各自的任务。其三，自我管理。有助于成员的自我监督、自我激励和自我调节。

目标管理的步骤很简单。首先，要建立一套完整的目标体系。其次，要组织实施围绕目标制订的相关方案。再次，要检查和评价，即对各级目标的完成情况要事先规定出期限，定期进行检查。检查的方法可灵活地采用自检、互检和责成相关部门进行检查。检查的依据就是事先确定的目标。对于最终结果，应当根据目标进行评价，并根据评价结果进行奖罚。最后，根据进程检查、确认或更新目标，重新开始循环。

---

① ［古希腊］亚里士多德：《尼各马可伦理学》，廖申白译注，35～37页，北京，商务印书馆，2003。
② 段作章、刘月芳主编：《德育与班级管理》，128～131页，南京，南京大学出版社，2014。

(二)班集体的目标管理

班集体的目标管理指的是，在班主任的引导下，通过师生全面、深入地沟通、协商，共同制定班级、小组、个人的奋斗目标，引导班级和学生积极、主动地为实现既定目标而努力，从而促进班集体建设和学生全面发展的一种方法。

班集体建设的目标体系设置原则，即目标管理中目标设定的一个重要原则，就是SMART原则。其具体包含五个方面：Specific，目标要具体化；Measurable，目标要具备衡量性；Attainable，目标要具备可达成性；Relevant，目标要具备关联性，即与集体目标和任务相关；Time-bound，目标要具有明确的时间要求。

除此之外，目标设置还应该遵循以下原则。首先，方向性原则。班集体目标的设置应符合国家、社会和学校的教育目的，不能有悖于学生的身心健康发展。其次，包容性原则。在班集体的目标设置和管理中，既要充分体现国家和社会的方针政策，又要充分考虑每个学生在这种宏观影响下的各自的期望目标，要善于在班集体目标中包含学生合理的个人目标，创造使学生达到个人目标的机会和条件，善于引导学生调节和修正个人目标。最后，激励性原则。目标的设置要让学生感觉到是有希望实现的，同时实现后的结果和激励措施又具有足够的吸引力。否则，一个太难的目标或缺乏奖赏措施的目标就没有多大价值。

班集体建设的目标体系设置是一个动态的调整过程。在确立目标体系时，教师与学生要进行充分沟通，这是目标管理最重要的前提和基础。目标设置大致遵循以下流程。首先，教师预定目标。其次，按照组织架构进行职责分解。根据暂定目标，教师与学生充分协商，按照班级现有组织架构进行初步分解，明确目标责任者和协调关系。再次，确立个体目标。最后，教师与学生就实现各项目标所需的条件以及实现目标后的奖惩事宜达成协议。

目标实现过程中的管理是目标管理策略的重中之重。首先，教师应带领学生定期检查，检查既可以是正式的、阶段性的，也可以利用经常接触的机会和信息反馈渠道自然地进行；其次，利用各种正规和非正规的渠道通报进度，便于互相协调；再次，要帮助解决工作中出现的问题，当出现意外、不可测事件严重影响班集体目标实现时，可以通过一定手续修改原定的目标；最后，当目标实现后，切记兑现相应的奖惩承诺。

二、实际锻炼法[①]

实际锻炼法是教师组织学生按照一定的要求，参与各种实际活动，在活动中形成

---

① 段作章、刘月芳主编：《德育与班级管理》，36页，南京，南京大学出版社，2014。

良好的思想品德和行为习惯的方法。

实际锻炼的内容广泛，方式多样。概括起来主要有：其一，委托任务。委托学生完成一定的任务，在学生完成具体任务的过程中，培养学生优良的思想品德和行为习惯。其二，组织活动。组织学生参加各种实际的活动，是实际锻炼的最主要的形式。这些活动包括学习活动、课外活动、劳动以及一定的社会实践活动等。在活动中，学生加深认识，丰富体验，锻炼意志，培养习惯。其三，执行制度。让学生按照学生守则、课堂纪律、作息制度等必要的规章制度进行锻炼。

为提高实际锻炼的效果，应注意：其一，始终坚持严格要求，不能松松垮垮，流于形式，而且要教育学生从点滴做起，认真对待每一项活动；其二，实际锻炼要与教师的说理有机结合，不断提高学生对实际锻炼意义的认识，使其产生自觉锻炼的要求；其三，对锻炼的结果要及时地进行评价总结，表扬先进，激励后进，讲求锻炼的经常性和反馈的及时性。

三、两个实践案例

道德是一种实践智慧，实践是学生思想品德的源泉。一方面，社会道德规范是外在的东西，只能以物化的形式传递；另一方面，道德情感只能在实践中为学生所感受和掌握。同时，也只有在实践中，人的思想品德才能够表现出来。

开展各种形式的实践活动，把道德内容与要求蕴含于活动之中，使学生在活动中深刻而又形象地体验各种规范和要求的内涵与意义，从而在耳濡目染中不知不觉地内化道德内容与要求。

(一)案例一：活动德育，好一道风景①

活动德育以学生为主体，尊重学生的个人体验，是教育本性的回归，也是学生实现道德内容和要求内化的重要途径。

如何提高德育实效性是有许多问题值得探讨的。织里实验小学提倡的活动德育不失为一种好方法。所谓"活动德育"，就是把需要教给学生的做人的道理或是做事的准则渗透在易于被学生接受的游戏活动或专题活动中，从而使学生在潜移默化中受到教育，养成良好的行为规范，形成良好的个人素质，让学生在活动中得到启迪、受到教育、取得收获。

活动德育要求学校、班级组建一个活动德育体系，要学生有集体主义思想，就要在组织集体活动或集体游戏中培育。班级开展"我崇拜的伟人"的主题系列活动，讲伟

---

① 唐汉卫、张茂聪编著：《中外道德教育经典案例评析》，170～171 页，济南，山东人民出版社，2005。

人故事、论伟人人格、探伟人足迹，伟人的优秀事迹和光辉形象必定会感染学生。不同阶段树立不同的伟人作为学习的榜样，以此培育学生高尚的人格。开展"论社会现象"活动，将社会上这样或那样的不良现象展示在学生面前，供学生探讨，这样学生学到的做人道理和做事规则更具有效性。开展"给自己出名片"活动，要学生讲自己的特点、闪光之处，每个学生不断地更换"名片"的过程，就是不断学别人的优点的过程，不断向上奋进的过程。

我们知道，教师对学生的德育影响，必须经过学生主体的选择、吸取和能动的实践活动才能转化为他们的思想品德。中国传统德育主要是一种言语德育，往往吃力不讨好，容易导致学生的厌倦和拒斥。德育固然需要言语，但更需要活动。

(二)案例二：英国德育

英国人普遍认为，娇宠是孩子养成独立性格的最大障碍，要使孩子日后能满足社会的需要，独立地去生活、工作，就必须从小培养他们独立生活的能力，让他们学会尊重他人和自我克制，知道对自己的行为负责任。

1. 德育不靠教导

它体现在英国中小学教育里，那就是不要求学生死记硬背道德准则，但是要求学生从心灵深处、从日常生活中懂得和理解伦理道德。

2. 诚实不是孤立的

在英国教育者看来，诚实不是一种孤立的思想品德，而是与自重和尊重别人、与对生命和大自然的爱紧密联系在一起的。

3. 最看重友好

在英国人眼中，看一个人最重要的是看他是否友好，和他的职业、性别、收入、教育、私生活等都无关。他们教育孩子从小要善待一切生命，包括动物、植物等。

德育不靠教导靠什么？靠实践、靠生活，靠生活实践中对道德规范的践行和体验，这也许是英国德育带给我们的最大启示。

第七节
引导与超越策略

引导策略指的是以特定的模范人物作为榜样，引领学生模仿进而不断内化道德规范的诸种方式。超越策略是基于对人性本善的信念而采取的帮助学生树立道德信念，不断提升自己的道德境界和人生境界的方式。

这两种策略都引导学生不断超越当下、超越自我，因而具有某种内在的联系。相对而言，引导策略更为具体些，有着相对清晰的要求，如对雷锋同志的学习与模仿。而超越策略更为抽象些，缺乏明确的榜样或具体性要求，更多是通过审美体验等方式唤起个体的美好情感，进而激发个体对美好人性、更为美好的自己的向往与追求。

一、榜样示范

榜样示范是以特定人物的优良品行作为榜样影响学生，激发学生学习和模仿的动机，进而促进其道德成长的策略。

幼儿在很小的时候就已经能够在无意识的情况下模仿他人，如对父母发音的模仿。模仿的功能或价值在于，从他人那里习得生存的基本技能，避免无效、低效的自我试错，提高生存概率。从心理学的角度看，模仿就是班杜拉提出的观察学习或替代学习现象，其心理机制就是替代强化和自我强化。

对小学生而言，模仿也是其道德成长的重要途径。榜样示范策略是否有效主要取决于榜样的选择以及教师的相关强化措施。

榜样的恰当选择是榜样示范策略是否有效的前提。一般而言，选择榜样应考虑以下三个方面的条件，即榜样本身的条件、受教育者的条件以及环境条件。

榜样本身的条件指的是榜样本身所具有的基本属性，包括成长背景、优秀品德的表现、其他表现等。

受教育者的条件指的是受教育者的基本状况，决定着何种榜样更适合特定的受教育者。教育者应该根据受教育者的不同基础性条件选择不同的榜样。一般而言，榜样与受教育者的相似性越高，越能唤起受教育者的模仿欲望。这些条件包括性别、家庭、家乡、成长过程等方面。相对于国外的榜样，国内的榜样更容易被认同；相对于外地的榜样，本地的榜样更容易被接纳。

环境条件指的是社会心理氛围。当榜样与社会心理氛围相一致的时候，榜样更容易发挥影响力。在20世纪七八十年代全面恢复高考的时代，读书改变命运是那个时代的流行观念，在这种社会大环境氛围下，树立一个刻苦攻读的榜样，就非常容易得到认同，并发挥影响力。

榜样示范策略的实施切不可迷信高大全式的完美典型，相对而言，学生身边的、富有生活气息和地方特色的"小人物"可能起到更大的作用。

二、欣赏型德育模式

这是我国著名学者檀传宝倡导的一种德育模式。欣赏型德育模式的底层逻辑和基础理念是美善相通，即审美和求善具有大致相似的心理机理，对美的追求、对美的欣赏、对美的体验有助于善的生成。在一定意义上，善本身也是一种美，一种人性之美、社会之美。

欣赏型德育模式的目标是，使道德学习在欣赏中完成。"我们的基本假设就是德育能够变成一个具有审美情趣的东西，如果日常德育能够实现审美化，德育的效果自然就会发挥出来。""无论是教育的内容还是形式都可能具有美感或可欣赏性。""道德教育的内容和形式如果可以经过审美化改造，成为'一幅美丽的画''一首动听的歌'，那么与这幅画、这首歌相遇的人就会在'欣赏'中自由地接纳这幅画、这首歌及其内涵。道德教育的'价值引导'与道德主体的'自主建构'这两个相互对立的方面就可以在自由的'欣赏'（即教育和接受）过程中得以统一和完成。"①

这一模式的实现途径主要有三个：一是建立参谋或伙伴式的师生关系；二是德育情境与要素的审美化；三是在欣赏中完成价值选择能力和创造力的培养。②

该模式认为，在德育过程中存在可以被学生欣赏的审美对象，即德育美。一般认为，德育美包括三个方面的美，即形式美、作品美和师表美。形式美、作品美和师表美是欣赏型德育模式的前提，德育过程诸要素的审美化是这一模式建构的关键。

这一模式的核心是希望学生在体验到美的同时，净化、纯洁自己的心灵。欣赏型德育模式的理想状态是，让德育成为"一幅美丽的画""一曲动听的歌"，让学生在欣赏这幅美丽的画、倾听这首动听的歌的过程中，不知不觉地完成道德学习的任务，不知不觉地提升自己的道德境界。例如，班级歌咏比赛就是个不错的选择，既能用美的旋律陶冶学生情操，也能通过班级歌咏比赛这一过程凝聚人心，提升学生的集体荣誉感和责任感，一举数得。

三、情感陶冶③

情感陶冶法是教育者有目的地利用环境或者创设一定的情境，对受教育者进行积极影响，使其耳濡目染，心灵受到感化的一种方法。这种方法的特点是利用了情境的暗示和感染作用，将理与情、情与境融为一体，使受教育者产生情感的共鸣，并且在不知不觉中受到潜移默化的影响。

情感陶冶的方式主要有三种：一是教育者的爱和人格感化，即通过教育者对受教育者真诚的、无微不至的关心爱护及教育者高尚的人格感化熏陶受教育者，使之形成

---

① 檀传宝：《提升生命质量的一项探索——"欣赏型德育模式"的理论与实践》，载《中国德育》，2008(6)。

② 檀传宝：《主体性德育——欣赏型德育模式论要》，载《深圳教育学院学报》，1999(1)。

③ 段作章、刘月芳主编：《德育与班级管理》，35页，南京，南京大学出版社，2014。

教育者所期望的良好的品德；二是环境陶冶，即通过创设良好的学习和生活环境，使受教育者的身心长期受到熏陶，逐渐养成良好的品德，或者根据特定的教育目的的要求特意创设教育情境和氛围，来暗示、感染受教育者，使之产生情感的共鸣，激发受教育者产生高尚的道德情感；三是艺术陶冶，即借助音乐、美术、诗歌、小说、影视等艺术手段创造的生动形象感染受教育者，使受教育者在欣赏、评论、创作及演出过程中受到陶冶。

在这三种方式中尤其值得关注的是艺术陶冶，这与欣赏型德育模式具有内在的一致性。

四、审美超越

情感的逻辑就是生命的逻辑，情感的升华源自人对生命超越的渴望。马克思认为，自由和有意识是人的本质特征，"一个种的整体特性、种的类特性就在于生命活动的性质，而自由的有意识的活动恰恰就是人的类特性"[①]。本能驱使下的被动生存并不是人生命的全部，人总是渴望生命的意义绽放，渴望超越当下有限的存在，获得无限的、永恒的价值体验，总是渴望生命有所皈依、情感有所安顿，即所谓"超越"。西方文化的超越是通过宗教实现的，这是一种外在的超越，而儒家的超越是内在的，是通过道德和审美实现的。"'内在超越'是儒家独有的超越意识和超越方式。与西方传统文化在现实的生存之外去寻找终极意义不同，儒家式的超越是在现实的生存本身去寻找终极意义。"[②]乐是儒家安顿情感和内在超越的基本途径。

(一)乐与情通——乐与情感的凝结

先秦语境中的"乐"既包括"音"，也包括"舞"。《礼记·乐记》云："凡音之起，由人心生也。人心之动，物使之然也。感于物而动，故形于声。声相应，故生变，变成方，谓之音。比音而乐之，及干戚、羽旄，谓之乐。"

人的心灵为物所感，涌现出表达的冲动，"乐者，音之所由生也，其本在人心之感于物也"（《礼记·乐记》）。而当言语不足以表达内心的丰富体验时，只有通过音与舞表达出来。"故歌之为言也，长言之也。说之，故言之；言之不足，故长言之；长言之不足，故嗟叹之；嗟叹之不足，故不知手之舞之，足之蹈之也。"（《礼记·乐记》）乐是人内心情感的深度表达。"诗，言其志也。歌，咏其声也。舞，动其容也。三者本于心，然后乐器从之。是故情深而文明，气盛而化神。"（《礼记·乐记》）

① 马克思：《1844年经济学哲学手稿》，57页，北京，人民出版社，2000。
② 杨清荣：《儒家"内在超越"对当代中国人的意义》，载《道德与文明》，2006(6)。

先贤们基于对人性的直观经验，体验到了乐与情感的双向影响。一方面，乐是人内在情感的流露，"是故其哀心感者，其声啴以杀。其乐心感者，其声啴以缓。其喜心感者，其声发以散。其怒心感者，其声粗以厉。其敬心感者，其声直以廉。其爱心感者，其声和以柔"（《礼记·乐记》）。另一方面，乐又反过来影响人的情感："是故志微、噍杀之音作，而民思忧。啴谐、慢易、繁文、简节之音作，而民康乐。粗厉、猛起、奋末、广贲之音作，而民刚毅。廉直、劲正、庄诚之音作，而民肃敬。宽裕、肉好、顺成、和动之音作，而民慈爱。流辟、邪散、狄成、涤滥之音作，而民淫乱。"（《礼记·乐记》）

正因为乐对人的情感的巨大影响，先贤们用乐来修养身心。"君子以钟鼓道志，以琴瑟乐心；动以干戚，饰以羽旄，从以磬管。故其清明象天，其广大象地，其俯仰周旋有似于四时。故乐行而志清，礼修而行成，耳目聪明，血气和平，移风易俗，天下皆宁，美善相乐。故曰：乐者、乐也。"（《荀子·乐论篇》）

当然不是所有的乐都有类似的功能，"凡奸声感人，而逆气应之。逆气成象，而淫乐兴焉。正声感人，而顺气应之。顺气成象，而和乐兴焉"（《礼记·乐记》）。只有那些美好的"正声"才能实现"美善相乐"。

也正因为乐对人的情感的巨大影响，"雅颂"等"正声"成为规约和引导人情感的重要渠道。"夫乐者，乐也，人情之所不能免也……故人不耐无乐，乐不耐无形。形而不为道，不耐无乱。先王耻其乱，故制雅颂之声以道之，使其声足乐而不流，使其文足论而不息，使其曲直、繁瘠、廉肉、节奏，足以感动人之善心而已矣，不使放心邪气得接焉。是先王立乐之方也。"（《礼记·乐记》）

（二）乐的审美与超越——终极关怀与情感皈依

对于乐的深度影响力，先秦儒家给予了带有神秘色彩的解释，"乐者，天地之和也。礼者，天地之序也"，"礼乐偩俱天地之情，达神明之德"（《礼记·乐记》）。乐一方面通达人心；另一方面又与宇宙相关联，"礼乐之极乎天而蟠乎地，行乎阴阳而通乎鬼神"，"大乐与天地同和，大礼与天地同节"（《礼记·乐记》）。乐连接起了人心与宇宙，人的情感通过乐达至无限。通过乐，人实现了对有限生命的超越。

乐带来了自由、无限的体验，也带来了天人合一的感受，使个体超越了有限的自我，把有限的生命同无限的天地相连，使个体的生命获得了无限的意义感。与此同时，通过乐的情感唤起，个体与他人、群体融合在一起，心灵相通、灵魂一体。"故乐行而志清，礼修而行成，耳目聪明，血气和和，移风易俗，天下皆宁，美善相乐。故曰：乐者、乐也。"（《荀子·乐论篇》）

正如熊十力所言："乐者，和乐也。正和乐时，浑然无物我分别，而吾人与天地万物一体畅通之血脉，于此可验也。"①这也是孔子理想的生活和人生境界，"莫春者，春服既成。冠者五六人，童子六七人，浴乎沂，风乎舞雩，咏而归"（《论语·先进》）。在对乐的审美体验中，人挣脱了动物性欲望的羁绊，体验到了精神的自由；在对乐的审美体验中，个体有限的生命与无限的群体、永恒的宇宙相关联，有限的生命被赋予了无限的意义感；在对乐的审美体验中，人确证了自身人性的美好、高贵和尊严。天人合一、人我相谐，自我的边界消失了，人与天地、群体实现了深度融合，人的情感得以升华，心灵得以安顿和皈依。

五、内在表扬策略——表扬的艺术

社会心理学把动机按照指向对象分为内部动机和外部动机。内部动机是指人们对活动本身感兴趣，活动能使人们获得满足，无须外力作用的推动。外部动机是指人们不是对活动本身产生兴趣而产生的动力，而是由活动以外的刺激对人诱发出来的推动力。例如，觉得学习很好玩、很有意思，愿意花更多的时间去学习，这就是内部动机和内部动机驱动下的学习；并没有觉得学习有意思，但因为学习对其有好处，如老师和家长喜欢、同学尊重等，而去学习，这就是外部动机和外部动机驱动下的学习。

内部动机和外部动机之间可以相关转化。社会心理学理论中的"过度辩护效应"就是关于这种转化的心理机制。"过度辩护效应"指的是对一个由内部动机引发的行为予以奖励，反而会削弱内部动机的现象，即当人们认为自己的行为是由很强的外在原因引起的时候，他们会低估内在原因对行为的影响程度。比如，当一个孩子因为觉得学习很有意思，所以很喜欢学习，考了个不错的分数时，父母很高兴，给予了他 100 元的物质奖励。如果这种现象发生多次，有可能导致一个后果，就是孩子本来具有的对学习本身的兴趣和相应的动机，渐渐地被外在的物质动机所替代。而当这种物质奖励没有持续或无法持续发生的时候，内部动机和外部动机就都消失了，孩子可能就不能考出好成绩了。

"过度辩护效应"提醒我们，在奖励和表扬学生的时候要注意方法。恰当的表扬能够促进学生保持原有的动机和努力方向，不恰当的表扬可能会误导学生。

内在表扬指的是，当学生成绩好的时候，不要把好成绩归因于其外在的、不可控的特质，如"你好聪明"，而要归因于其内在的、可控的特质，如"你这段时间真是用功"。

对道德发展方面的表扬也有类似的要求，即要把学生的道德成长归因于其内在的态度，如"你真善良""你有一个美好的心灵"等，以此来固化学生的内在动机。简单地

---

① 　刘梦溪主编：《中国现代学术经典——熊十力卷》，402 页，石家庄，河北教育出版社，1996。

说，就是评价态度，但不评价能力；看重过程，看轻结果。

六、主体性德育模式①

这是一种哲学意味比较浓厚的德育模式。这种模式与其说是一种德育模式，不如说是一种德育思想，一种重视学生主体性地位、重视学生主体性培养的德育工作原则。

20世纪80年代以来，我国教育理论和实践领域开始了对主体性教育的探索。主体性教育把培育和发展学生的主体性作为教育的核心目标。我国教育力图改变学生在教学中的被动地位与现状，调整师生关系，调动和发挥学生在教学过程中的能动作用，努力提升学生的主动性和创造性。

中小学时期是人的主体性发展的关键期。而传统的学校教育无论是课程设置、教学过程还是师生关系均不能满足培育和发展学生主体性的需要。教师的过度权威极大地限制了学生的自主选择空间，造就了学生消极依赖、被动应付的境地；应试教育氛围下的课程设置和对标准答案的过度追求，把学生变成了"考试机器"，使学生在很大程度上丧失了独立思考和判断的意识与习惯，自主性、自觉性、独立思考等被边缘化，自信心、创造性、独立性都成了分数的牺牲品。

所谓主体性德育模式，是指在主体性教育思想的指导下，以教育者与受教育者之间的双向互动为基本要素，充分发挥教育者与受教育者的积极性、主动性，培养受教育者的独立性、创造性、能动性等主体性道德素质的德育模式。② 主体性德育模式的兴起与发展，意味着德育重新开始了对人的关注，重新开始了对人之为人的本质属性的关注，也是教育以生为本思想的重要体现。

主体性德育模式与规范化德育模式相对，通过与规范化德育模式的对比，能更清晰地认识主体性德育模式的本质特点。

所谓规范化德育模式，是指教育者坚持自我本位，片面强调自己的主体地位是不可置疑的绝对的道德权威，受教育者被看作满足教育者主体价值需要的价值对象；教育者以强制、灌输、训导的方式对受教育者进行合目的的改造，要求受教育者无条件认同、服从既定的道德规范与价值取向。③

规范化德育模式的内在缺陷主要体现在以下方面：第一，规范化德育模式无视受教育者的主体性、能动性，蜕变为一种单调的知识灌输和机械的道德训练行为，是对受教育者作为人的本质的否定；第二，规范化德育模式忽视受教育者自我价值的满足，

---

① 杨现勇：《德育发展的当代走向：从规范化德育到主体性德育》，载《前沿》，2011(6)。
② 张玉茹：《主体性德育模式与德育有效性的探索》，载《黑龙江高教研究》，2004(1)。
③ 周大平：《大学生思想政治教育：走在价值多元的时代》，载《瞭望》，2004(51)。

过分强调受教育者对社会需要的服从，导致德育的"权利缺场"，缺乏对受教育者的真正的人文关怀；第三，规范化德育模式的强制性教育方式导致道德专制，背离了以人为本的德育伦理。

传统道德文化"剥夺了道德主体道德地对待自己的理由，而将自己泯灭了……我们的道德把自己建立于对道德主体损害的前提下，要求个体以牺牲自我作为道德的昂贵代价……处处时时仁爱天下的道德者生活在这般的小心中，连呼吸的自由都没有了，更不要讲创造性和主体性了"①。

主体性德育模式承认并尊重受教育者的主体性，教育者和受教育者的关系也从主动和被动的关系、从上至下的关系转变为具有交互主体性的主体间的协作关系，使德育从受教育者的被动改造转变为受教育者的自主发展，突出了对人的终极关怀，使德育走向人性化。主体性德育模式从主要依靠教育者片面的主体地位和道德权威的方式，转变为通过教育者和受教育者双方内心世界的接纳、追求道德共识的方式来对受教育者施加影响；从强制灌输、规范约束的训导方式转变为民主开放、平等交流的对话方式。

七、品格教育模式

自 20 世纪 80 年代起，道德认知发展模式和价值澄清模式的缺陷日益凸显。前者强调发展学生的道德认知，发展学生的推理能力，提高学生的道德思维品质，但是，现实的德育实践却发现，学校德育不是发展了学生的道德思维，而不过是提高了他们的诡辩能力，提高了他们为不道德立场进行辩护的技巧。而价值澄清模式一直强调学生的自由，强调尊重学生的自由选择，反对学校和教师的道德灌输。这种学校非指导教育的直接结果就是让学生知道了价值多元和价值相对，但却并没有让学生明白什么是对与什么是错。

传统德育模式的缺陷，加上美国当时社会的整体发展状况，20 世纪 80 年代美国青少年的道德状况陷入了非常糟糕的境地。人们认为学校在德育中没有承担起应有的责任，强烈呼吁并要求重新审视在学校进行直接的品格教育的可行性。而对学生进行直接的品格教育，恰恰是在此之前的价值澄清模式强烈反对的。

鉴于美国社会在现代化发展过程中出现的诸多问题，品格教育受到政府、教育理论工作者、学校、家庭等的欢迎。品格教育复兴以后，影响日益增强。1999—2004 年，美国有 23 个州通过或修正了相关法案，其中 12 个州明确要求进行品格教育，11 个州鼓励进行品格教育。多数的州规定了价值单，其中包括尊重、诚实、信赖、整洁、愉

① 孙彩平：《当代道德的嬗变与教育的道德定位》，载《教育理论与实践》，2000(11)。

悦、守纪、守时、学校荣誉感等明确的价值规范。加利福尼亚州规定在 K-12 的学校中，品格教育的基本内容应包括：个体性尊严和价值、公平和平等、诚实、勇敢、自由和自律、个人的社会责任感、社群和共同的利益、正义等。

托马斯·里克纳是美国享有国际声誉的品格教育专家，他的品格教育思想在美国影响较大，代表了美国品格教育理论和实践的基本价值取向。在里克纳的品格教育思想中，有一个理论前提，即在一个多元化社会中，存在普遍的道德价值，学校能够而且应该讲授这些价值，让学生认识、理解、吸收并实施这些价值。里克纳认为，在这些道德价值中，尊重和责任是核心。尊重包括尊重自己、尊重他人、尊重所有形式的生命以及滋养着它们的环境。而责任是尊重的延伸。责任意味着关注他人，并对他人的要求做出积极的反应。[①]

里克纳认为，德育的终极目的是养成好品格，品格教育就是教授美德、培养德性的有意识的努力。"品格由实际发挥作用的道德价值所构成。……如此设想的品格由三个互相联系的部分构成：道德认知、道德体会和道德行为。好的品格包括认知善、趋向善和为善——良知习惯、喜好习惯和行动习惯。此三者皆有道德生活所必需，此三者构成道德上的完整性。"[②]

里克纳设计了一个"价值观和品格教育全方位方案"，包括品格教育的学校策略、家庭策略和社区策略，旨在调动包括家长、教师、学校、社区在内的一切可开发利用的品格教育资源，推进品格教育的实施。里克纳设计的学校策略包含 9 个课堂策略和 3 个校园策略。[③]

(一)课堂策略

第一，教师应成为关心者、道德榜样、道德指导者，和学生在课堂建立起良好的师生关系。

第二，在教室中创建起一个道德的社区，建立起良好的同伴关系。

第三，制定基于品格的纪律。

第四，通过班会，在课堂上营造一种民主氛围，使学生参与道德决断。

第五，通过课程传授价值标准。

第六，通过合作学习的形式，培养学生相互帮助、相互协作的团队精神及技巧。

第七，培养职业道德感。培养职业道德感就是让人们对于工作完成得好产生满足感，工作做得不好产生羞耻感。

---

① 郝婧：《托马斯·里克纳品格教育思想研究》，博士学位论文，兰州大学，2016。
② ［美］托马斯·里克纳：《美式课堂：品质教育学校方略》，刘冰、董晓航、邓海平译，47～48 页，海口，海南出版社，2001。
③ 郝婧：《托马斯·里克纳品格教育思想研究》，博士学位论文，兰州大学，2016。

第八，通过阅读、写作、讨论、决断练习和辩论等方式，鼓励学生对道德问题做出积极思考。

第九，教授学生解决冲突，培养学生以恰当的方式而不是暴力方式来面对、接受、解决冲突。

(二)校园策略

第一，培养超越课堂的爱心，促进学生对班级以外世界的关心。

第二，在校园内创造一种积极的道德文化氛围。

第三，吸纳学生家长和社区人士参与品格教育。

在德育内容方面，里克纳重视要学生了解所处情境的道德维度，了解道德价值并知道它们在具体个案中的要求，设身处地地进行道德推理并进行全面的道德判断。这与传统的道德认知发展模式强调抽象的道德理性和推理具有很大的不同。

在德育方式方面，里克纳既重视直接教授，强调习惯的训练和美德行为的养成；也重视间接教授，强调有意识地利用学校生活的方方面面，对学生进行品格的熏陶；还高度重视家庭和社区在学生品格养成中的作用。

与其他德育模式相比，品格教育模式具有自己独特的优势，如其可操作性比道德认知发展模式更强。品格教育模式的积极价值在于它重新拾起道德传统，创立了新的综合德育模式。

我国许多地区如江苏、四川等都开展了各具特色的品格教育探索，其中，四川成都市较早开展了品格教育探索，还成立了"全国品格教育联盟"。成都市品格教育的经验中有两点值得借鉴和推广：一是梳理了 24 个基本品格，划分了四级阶梯课程；二是根据儿童品格成长的规律和儿童认知、行为发展的特点，在教育实施方式上从行为表达操作入手，通过行为习得、体验感知、明辨价值和践行运用四个层次的学习方式，让品格教育变教师的"说教传授"为学生的"体验行动"，遵循了从易到难、循序渐进、形象—实操—巩固—习惯这样的过程，形成了基于目标和内容达成的实施路径，还编写了相应的教材。

本章小结

个体思想品德发展过程就是在逐步理解自我、他人与世界的基础上，恰当地约束自我的生物本性，通过感受世界的温暖与价值，逐步增强对世界的依恋、归属和关心，不断增强责任意识，不断完善自我、完善周围的世界，并从中发现人生意义、体验人生价值的过程。这种理解大体上决定了德育策略的内容与方向。德育的五大策略，即理解策略、温暖策略、约束策略、践履策略和引导与超越策略。这五种策略既基于理性与情感双重维度，也基于人性善恶的两种可能；既考虑底线要求，也不放弃理想人格；既重视理性的奠基作用，也重视情感的动力机制；既重视现实世俗生活，也不放弃精神追求。这五种策略为进一步思考德育的具体策略提供了一个基础性的分析框架。德育的基本原则，即基于德育目标和学生思想品德成长的基本规律而确定的德育工作的基本要求。其主要包括社会支持原则、差异性原则、期待原则或希望原则、升华原则、主体性原则。

理解策略关注人对于人我关系的认知和感受，约束策略侧重于对人自然本性的约束，温暖策略和践履策略关注对自我、他人与社会关系价值的体验和确证，引导与超越策略重视人内在的超越本性或精神本性在思想品德成长中的价值。良好的德育实践应该是五种策略的综合运用，最终目标是主体自身的自由与和谐发展。

章后练习

一、名词解释

1. 社会支持。

2. 情感。

3. 情绪智力。

4. 感情投入。

5. 教师的道德权威。

6. 班集体的目标管理。

7. 品格教育模式。

二、简答题

1. 情感与价值的关系是怎样的？

2. 温暖策略的人性假设是什么？人为什么需要温暖？

3. 培养共情能力的路径有哪些？

4. 约束策略的人性假设是什么？谈谈你的理解。

5. 简要分析教师道德权威的影响因素。

6. 简述欣赏型德育模式的三个实现途径。

三、思考题

1. 怎样认识"理解和解释是人存在的基本方式"？

2. 如何发挥礼仪的作用以契合新时代教育的发展？

3. 如何避免德育实践沦为说教？

延伸阅读

［古希腊］亚里士多德：《尼各马可伦理学》，廖申白译注，北京，商务印书馆，2003。

［美］托马斯·里克纳：《美式课堂：品质教育学校方略》，刘冰、董晓航、邓海平译，海口，海南出版社，2001。

蒋一之主编：《品德发展与道德教育》，杭州，浙江大学出版社，2013。

金盛华主编：《社会心理学》，北京，高等教育出版社，2010。

刘梦溪主编：《中国现代学术经典——熊十力卷》，石家庄，河北教育出版社，1996。

罗国杰主编：《伦理学》，北京，人民出版社，1989。

孟昭兰：《人类情绪》，上海，上海人民出版社，1989。

皮连生主编：《学与教的心理学》，上海，华东师范大学出版社，1997。

钱穆：《论语新解》，北京，生活·读书·新知三联书店，2002。

唐汉卫、张茂聪编著：《中外道德教育经典案例评析》，济南，山东人民出版社，2005。

佟雪峰：《德育的"道德性"问题初探》，载《辽宁师范大学学报（社会科学版）》，2005(5)。

杨天宇撰：《礼记译注》，上海，上海古籍出版社，2004。

杨向荣：《文化、现代性与审美救赎——齐美尔与法兰克福学派》，北京，中国社会科学出版社，2017。

张志平：《情感的本质与意义——舍勒的情感现象学概论》，上海，上海人民出版社，2006。